철학의 모비딕
예술, 존재, 하이데거

위대한
순 간

0 0 3

철학의 모비딕

예술, 존재, 하이데거

김동규 지음

문학동네

'위대한 순간' 총서를 펴내며

'위대한 순간'은 문학동네와 연세대학교 인문학연구원이 함께 펴
내는 새로운 인문교양 총서이다. 이 총서는 문학, 역사, 철학 분야
에서 중요한 이정표가 되는 인물이나 사건을 현재적 관점에서 새
롭게 조명해보자는 취지에서 출발했다. '지금 여기'의 생동하는 삶
에 지혜가 되지 못하는 지식은 공허하다. 우리는 한 사회의 개인
이나 사건의 특수성이 역사와 맞물려 보편성을 획득하는 의미 있
는 정점을 '위대한 순간'이라 명하고, 그것이 과거의 유산에 머물
지 않고 지금까지도 지대한 영향을 미치면서 여전히 '위대한 순
간'으로 남을 수밖에 없는 이유를 면밀히 추적하고자 한다. 이를
통해 과거의 빛나던 순간들의 의미를 독자들과 함께 음미하고, 다
가올 시간을 위대한 순간으로 빚을 수 있는 인문정신의 토양을 일
구고자 한다.

오늘날 인문학은 스스로 자신의 존재이유를 입증하지 않는 한
도태와 쇠퇴로부터 자유로울 수 없다. 한국사회에 비판적 '교양'이
설자리를 마련하고 이를 통해 인간다움을 복원시킬 문화적 자양
분을 제공하지 않는다면 인문학뿐 아니라 우리의 사회 또한 척박
한 내일과 조우하게 될 것이다. '위대한 순간'은 우리 모두가 이러
한 위기를 슬기롭게 극복할 수 있도록 '즐거운 학문'의 장을 열고

자 한다. 상아탑에 갇힌 학문이 모두를 이롭게 하는 복음이 될 때 '즐거운' 학문이 될 수 있다는 판단하에 전문성과 대중성의 조화로운 통합을 시도했다. 또한 연세대학교 인문학연구원의 풍부한 연구진과 국내 학계의 훌륭한 저자들을 두루 포섭하여 주제를 다양화하고 내용의 폭을 넓혔다.

인문학의 기초를 다지고 싶은 이들, 인문학에 관심은 있으나 입구를 찾지 못한 사람들에게 '위대한 순간'은 좋은 길잡이가 될 것이다. 각기 다른 위대한 순간들을 한 순간씩 맛보다 보면 어느 순간 인문학을 아는 것에서 한 걸음 더 나아가 인문학을 실천하는 자신을 발견하게 되리라 믿는다. '위대한 순간'들을 탐사하는 이 지적 여행에 많은 독자들이 함께하기를.

연세대학교 인문학연구원

차례

하이데거 문헌 인용에 관하여

이 책에서 하이데거 문헌을 인용할 경우, 관례상 전집 약호 GA를 사용하여 본문에 출처를 기록했다. 예컨대 『존재와 시간』은 전집 2권이기 때문에 GA2로 표시한다. 일반 독자를 위해서 한국어 번역본이 있는 경우 번역본 쪽수를 기재했지만, 나머지는 독일어 전집 판본의 쪽수를 기재했다. 현행 우리 학계에는 하이데거 전문용어의 통일된 번역어가 없고 여전히 해석의 여지가 풍부하기 때문에, 이 책에 삽입된 인용문들은 기존 번역본을 참조하되 원칙적으로 새로 번역한 것이다.

약호

GA1: *Frühe Schriften (1912-1916)*, hrsg. von Friedrich-Wilhelm von Herrmann, Frankfurt am Main: Vittorio Klostermann, 1978.

GA2: *Sein und Zeit*, Vittorio Klostermann, Frankfurt am Main, 1977.(『존재와 시간』, 이기상 옮김, 까치, 1998)

GA4: *Erläuterung zu Hölderlins Dichtung*, Vittorio Klostermann, Frankfurt am Main, 1981.(『횔덜린 시의 해명』, 신상희 옮김, 아카넷, 2009)

GA5: *Holzwege*, Vittorio Klostermann, Frankfurt am Main, 1977.(『숲길』, 신상희 옮김, 나남, 2008)

GA7: *Vorträge und Aufsätze*, 4. Auflage, Neske, Pfullingen, 1978.(『강연과 논문』, 이기상·신상희·박찬국 옮김, 이학사, 2008)

GA8: *Was heißt Denken?*, 3. Auflage, Max Niemeyer, Tübingen, 1971.(『사유란 무엇인가』, 권순홍 옮김, 고려원, 1993)

GA9: *Wegmarken*, hrsg. von Friedrich-Wilhelm von Herrmann, Vittorio Klostermann, Frankfurt am Main, 1976.(『이정표 1, 2』, 신상희·이선일 옮김, 한길사, 2005)

GA11: *Identität und Differenz*, 6. Auflage, Neske, Pfullingen, 1978.(『동일성과 차이』, 신상희 옮김, 민음사, 2000)

GA12: *Unterwegs zur Sprache*, hrsg. Vittorio Klostermann, Frankfurt am Main, 1985.

GA13: *Aus der Erfahrung des Denkens*, 4. Auflage, Neske, Pfullingen, 1977.

GA14: *Zur Sache des Denkens*, 2. Auflage, Max Niemeyer, Tübingen, 1976.(『사유의 사태로』, 문동규·신상희 옮김, 길, 2008)

GA16: *Reden und Andere Zeugnisse eines Lebensweges (1910-1976)*, hrsg. von Hermann Heidegger, Frankfurt am Main: Vittorio Klostermann, 2000.

GA20: *Prolegomena zur Geschichte des Zeitbegrffs*, Vittorio Klostermann, Frankfurt am Main, 1979.

GA24: *Die Grundprobleme der Phänomenologie*, hrsg. Vittorio Klostermann, Frankfurt am Main, 1975.(『현상학의 근본문제들』, 이기상 옮김, 문예출판사, 1994)

GA29/30: *Die Grundbegriffe der Metaphysik: Welt-Endlichkeit-Einsamkeit*, Vittorio Klostermann, Frankfurt am Main, 1983.(『형이상학의 근본개념들: 세계-유한성-고독』, 이기상·강태성 옮김, 까치, 2001)

GA39: *Hölderlin Hymnen Germanien und Der Rein*, Vittorio Klostermann, Frankfurt am Main, 1980.(『횔덜린의 송가: 게르마니엔과 라인강』, 최상욱 옮김, 서광사, 2009)

GA45: *Grundfragen der Philosophie. Ausgewählte Probleme der Logik (W1937/38)*, hrsg. von Friedrich-Wilhelm von Herrmann, Frankfurt am Main: Vittorio Klostermann, 1984.

GA52: *Hölderlins Hymne "Andenken" (W1941/42)*, hrsg. von Curd Ochwadt, Frankfurt am Main: Vittorio Klostermann, 1982.

GA53: *Hölderlins Hymne "Der Ister" (S1942)*, hrsg. von Walter Biemel, Frankfurt am Main: Vittorio Klostermann, 1984.(『횔덜린의 송가 〈이스터〉』, 최상욱 옮김, 동문선, 2005)

GA54: *Parmenides*, hrsg. von Manfred S. Frings, Vittorio Klostermann, Frankfurt am Main, 1982.

GA63: *Ontologie, (Hermeneutik der Faktizität)*, Vittorio Klostermann, Frankfurt am Main, 1995.(『존재론: 현사실성의 해석학』, 이기상·김재철 옮김, 서광사, 2002)

GA65: *Beiträge zur Philosophie (vom Ereignis)*, Vittorio Klostermann, Frankfurt am Main, 1989.

GA66: *Besinnung (1938-39)*, hrsg. von Friedrich-Wilhelm von Herrmann, Frankfurt am Main: Vittorio Klostermann, 1997.

GA79: *Bremer und Freiburger Vorträge*, Vittorio Klostermann, Frankfurt am Main, 1994.

현대철학의 결정적 순간

나는 이제 '어떤 순간'에 대해 기록하고자 한다. 이 책의 내용은 세상에 처음 공개되는 희귀하고 특별한 것은 아니다. 여기 담긴 정보들은 대개가 많은 학자들이 이미 전해준 것들이다. 다만 나의 관점에서 정보의 배열과 조직을 새롭게 했을 따름이다. 전문 학자들이 이 책을 읽는다면 그 새로움에 주목하기를 바라며, 일반 독자들의 경우 이 책이 서술하는 순간 자체에 대해 더 깊은 관심을 갖기 바란다.

순간은 '짧은 시간'을 뜻한다. 짧다는 것은 상대적 개념이다. 길고 짧음은 비교되는 대상 혹은 기준에 따라 달라진다. 그렇기에 짧은 시간이라고 해도 일 초가 될 수도 있고 한 시간이 될 수도 있으며, 일 년 아니 수백 년이 될 수도 있다. 예컨대 45억 년의 지구 나이에서 수백 년은 지극히 짧은 시간이다. 반면 하루

살이에게 한 시간은 아주 긴 시간임이 분명할 것이다. '시간이 금'인 시대에 누구나 항상 시계를 바라보며 살고 있지만, 의외로 '시간'은 어려운 개념이다. 이미 아우구스티누스가 말한 대로, 시간은 잘 아는 것 같으면서도 막상 그것이 무엇인지 물어보면 대답이 궁해지는 개념인 것이다. 오죽했으면 하이데거라는 철학자의 손꼽히는 주저 제목이 『존재와 시간$^{Sein\ und\ Zeit}$』일까? 여하간 상식적으로 우리는 '짧은 시간'이란 뜻으로 순간을 이해하고 있다.

어법상 순간은 짧은 시간이란 뜻만 있는 것은 아니다. 대개 우리가 순간을 말할 때는 기억할 만하고 기억할 수밖에 없는 사건을 가리킨다. 하나의 생명이 태어나는 신비한 순간이라든지, 승부차기에서 골키퍼가 예상한 공의 방향으로 감각적으로 몸을 던지는 선택의 순간이라든지, 아니면 연인들의 사랑이 처음 싹트는 순간 등이 그런 예이다. 여기서 순간은 기억에 각인된 결정적인 한 장면을 뜻한다. 그것은 시간이 공간적 장면으로 바뀌는 시점이며, 중요 사건의 전후 맥락이 한 장면으로 압축된 지점이다. 이런 의미에서의 순간은 언제나 '결정적' 순간이다. 유명한 사진가 앙리 카르티에브레송이 '결정적 순간'이란 용어를 만들어낸 것은 당연하다. 사진가가 아니라면, 도대체 어느 누가 결정적 순간을 포착할 수 있겠는가?

시간이 길고 짧은 것은 그것을 측정하는 척도 또는 사람에 따라 상대적이지만, 동시에 시간 자체가 신축성을 가지고 있기 때문에도 그러하다. 다시 말해서 시간은 마치 고무줄처럼 늘어나고 줄어든다. 발산하고 수렴한다. 순간이란 길게 늘어진 시간이 한 점으로 응축된 결정체다. 그래서 이 결정체에는 모든 시간, 모든 사건이 담겨 있다. 독일어로 순간은 아우겐블리크^{Augenblick}인데, '눈^{Auge}에 비친 한 장면^{Blick}'이란 뜻으로 새길 수 있다. 한 장의 사진에서 수많은 서사로 엮인 영화를 만들어낼 수 있듯이, 진정한 순간은 이야기의 시작과 끝을 담고 있는 결정적 순간이다.

내가 이 책에 기록하는 순간은 '위대한' 순간이다. '위대한'이란 말도 길고 짧음과 마찬가지로 상대적인 개념이다. 무엇이 크고 작은지는 재는 척도에 따라 달라질 수밖에 없다. 어떤 척도를 들이대느냐에 따라 동일한 대상이 클 수도 작을 수도 있으며, 길다거나 짧다고 판단할 수 있다. 미녀의 비단결 같은 살갗이 한 마리의 벼룩에게는 끝없는 자갈밭처럼 광활하고 울퉁불퉁할 수 있는 것이다. 내가 기록하는 순간이 모든 이들에게 '진정' 위대한 순간인지는 솔직히 자신할 수 없다. 다만 나는 이 책에서 그 순간의 위대함을 입증해보이려 노력할 따름이다.

'위대한 순간'은 어떤 시간일까? 어떤 시간을 위대한 순간으로 지정할 수 있을까? 위대偉大하다는 말은 일단 '크다'는 뜻인 반면, 순간瞬間은 눈 깜짝할 만큼 아주 짧고 작은 시점을 말한다. 이 표현에는 크고 작음이 함께 병렬해 있다. 상식적으로 볼 때, 그것은 모순형용처럼 보인다. 하지만 시간의 수렴과 발산 운동을 고려한다면, 이해하지 못할 표현도 아니다. 통상 위대한 순간이라 말하면, 역사적으로 의미심장한 사건이 일어난 시간을 뜻한다. 역사적 사건이란 사건 발생 이전과 이후로 역사가 갈라지는 기점이자 이후 오랫동안 영향력을 행사하는 시간반경의 중심축이다. 이런 의미에서 위대한 순간이란 역사적 대전환점을 이룬 사건의 발생 시점을 뜻한다. 이 글에서 나는 '지성사적 대격변'이 일어난 특정 사건을 가리켜 위대한 순간이라 부르려 한다.

역사는 언제 시작되었을까? '인간적인' 삶의 자취가 희미하게 남아 있는 원시인들로부터? 아니면 문자로 기록된 시대로부터? 어떤 의미에서든 역사가 인간이 연루된 시간이라면, 인류의 역사는 족히 몇 만 년은 될 것이다. 아니 진화론 신봉자가 보기에 인간의 역사는 이렇게만 제한될 수 없다. 인간은 지구와 그 위에서 탄생한 숱한 생명체들에 연루되어 있기 때문이다. 참고로 지구의 나이를 하루 24시간이라고 한다면, 인간이 출현한 기간은 1초밖에 되지 않는다고 한다. 아니 이런 생각도 정확한 것은 아니다. 천문학자가 보기에, 지구는 홀로 존재하지 않는다. 우주로 확장되는 무한한 시간 속에서 지구의 시간은 보이지도 않는 티끌처럼 존재한다.

장구한 인류의 역사에서 서양사는 위대한 순간이었다. 그것의 출현은 현재 다양한 문명의 인간들은 물론 지구 생태계 구석구석에 이르기까지 좋고 나쁜 온갖 영향을 미쳤기 때문이다. 그 서양사 가운데 서양 지성사, 특별히 철학사는 당연히 위대한 순간에 속한다. 누가 뭐래도 철학은 서양사를 지탱해온 주춧돌이기 때문이다. 그리고 서양 철학사에서 가장 위대한 순간은 고대 그리스 철학의 탄생 순간이다. 그렇다면 범위를 좁혀서, 현대 서양 철학의 위대한 순간은 언제쯤일까? 나는 그 순간을 하이데거라는 인물의 생몰연대(1889-1976)로 잡고 싶다. 이 책은 나의 이런 선택이 한갓 자의적 선택도, 잘못된 선택도 아님을 보여줄 것이다.

이 글이 소개하는 위대한 순간은 현대철학에 큰 획을 그은 순간이다. 이전과 이후가 완전히 뒤바뀌는 역사적 순간이다. 조금 과장을 섞어 말한다면, 서양 철학 전체의 운명이 담겨 있는 순간이다. 이런 과장법은 나만의 수사법이 아니다. 이미 많은 연구자들이 사용한 과장이고 하이데거 스스로가 사용한 과장이다. 나는 독자들이 너그럽게 이 과장법을 일단 받아주기를 청한다. "옛날 아주 먼 옛날 호랑이가 담

현대철학의 '위대한 순간' 하이데거.

배 피우던 그때"라는 할아버지의 옛이야기 첫 대목을 웃으며 받아주면, 재미있는 이야기가 줄줄이 쏟아져나오는 경우도 있지 않던가? 과장의 시시비비는 이야기를 듣고 난 다음에 가려봐도 늦지 않다.

　서양 현대철학에서 위대한 순간은 하이데거이다. 나는 위대한 순간을 한 명의 철학자 이름으로 말한다. 왜냐하면 '하이데거'라는 이름은 단지 특정 개인에게 귀속된 호칭만을 뜻하지 않기 때문이다. 여기서 하이데거는 한 인간의 이름'이라기보다는 철학사에 남겨진 일종의 기호이다. 한 철학자의 이름이면서 동시에 그것은 서양 철학사를 뒤흔든 사유의 대격변, 엄청난 규모의 철학적 사건을 환유로 치환한 기호이다. 요컨대 하이데거가

위대한 순간이 될 수 있는 것은 그의 생물학적 삶 때문이 아니라, '철학적' 삶 때문이다. 철학적 위대함 때문에 '하이데거'라는 이름은 장구한 인류 지성사에서 위대한 순간이 될 수 있었다.

이런 점에서 독자는 위대한 순간이란 표현이 야기할 수 있는 오해를 피해야 한다. 그것은 전문 학자들도 종종 범하는 오해다. 사실 일반인들의 오해야 가볍게 받아들일 수 있지만, 하이데거를 신줏단지 모시듯 맹신하는 전문가들의 오해는 고약하다. 그것은 위대한 인물과 연구자 자신을 동일시함으로써 과대망상에 갇히고 마는 소아적 허위의식을 보여주기 때문이다. 마치 힘센 아이에게 빌붙어서 고만고만한 또래 아이들을 제압하려는 고약한 태도이다. 그런 태도는 지성의 품위에 걸맞지 않다. 무릇 지성인이라면 한 인물의 위대성을 여러 측면에서 정확히 분별하여 가늠하고, 그것을 잣대로 자신의 삶을 반추하고 바꾸려는 태도를 취해야 할 것이다. 요점으로 돌아가면, 위대한 순간이 하이데거인 까닭은 일차적으로 하이데거가 '인간적으로' 위대한 인물이어서가 아니다. 어떤 점에서 하이데거는 지극히 평범한 사람이었고, 먹물로 가득찬 학자였을 뿐이며(전집이 100권이 넘는다면 '먹물'이란 표현도 더이상 비유가 아닐 것이다), 좀더 폄하조로 말하자면 촌티가 줄줄 흐르는 독일의 보수 지식인에 불과하다. 내가 아는 한, 그는 유별나게 인격적으로 훌륭하다거나 인간적으로 따뜻하다거나 타인에게 큰 선행을 베푼 이타적인 사람도 아니었다.

나는 하이데거를 위대한 순간이라 부른다. 인간 하이데거를 찬미하기 위해서가 아니라, 단지 철학적 사유의 크기와 영향력이 놀랍도록 위대하기 때문에 그렇게 부른다. 다시 말해서 하이데거가 위대한 것은 서양 철학 전체를 담아내는 그 사유의 폭과 깊이가 웅대하고 그런 사유가 이후에 미친 영향이 막대하기 때문이다.

이 책이 다루는 시간은 아주 짧을 수 있다. 그러나 순간이 응축된 시간이라면, 순간 속에 깃든 긴 시간을 다룰 수밖에 없다. 즉 순간이 단순히 짧은 시간을 뜻하는 말이 아니라 응집된 시간, 위대한 순간이려면, 장구한 시간을 담을 수 있는 순간이어야 한다. '하이데거'라는 시간은 서양 철학, 더 나아가 서양 문명의 빛과 그림자를 한눈에 잘 보여주는 광경이다. 특히 그의 철학은 현대 예술철학(혹은 미학)에 지대한 영향을 미쳤다. 따라서 이 글의 목표는 (1) 하이데거 철학을 간결하게 소개하는 가운데, (2) 서양 철학사에서 하이데거 철학이 차지하는 비중을 가늠하고, (3) 현대 예술철학의 흐름 속에서 하이데거의 미학적 기여가 어느 정도인지를 따져보는 일이 될 것이다.

이 목표에 접근하기 위해서 우선 그의 주저인 『존재와 시간』을 다루지 않을 수 없다. 하이데거 철학이 어떤 모습을 하고 있는지, 그것이 어떤 철학사적 의미를 가지고 있는지, 게다가 그의 주저에 어떤 미학적 함의까지 내장하고 있는지를 거칠게나마 보여줄 필요가 있기 때문이다. 그래서 1장에서는 『존재와 시간』의 핵심적인 논의를 간략히 요약할 것이다. 동시에 기회가 날 때마다 『존재와 시간』 속에서 예술철학적 실마리를 찾아보는 일도 병행할 것이다. 이 첫 장은 이후 논의 전개에 발판 역할을 해줄 것이다. 지나치게 간략히 요약된 부분은 이후의 장에서 반복해서 부연 설명될 것이다.

2장에서 4장까지는 『존재와 시간』에 등장하는 굵직한 주제, 즉 죽음, 양심을 중심으로 그의 주요 개념들이 어떻게 예술철학적으로 변형될 수 있는지를 살펴볼 것이다. 다른 장들에 비해 이곳은 조금 난해할 수 있다. 1장과 5장의 내용을 심화시킨 장들이기 때문이다. 책을 배에 빗대자면, 경쾌한 안정감을 더하기 위해 뱃머리와 후미에는 가벼운 짐을 놓고 중간 부분에 무거운 짐을 실어놓은 셈이다. 그래서 1장과 5장을 먼저 빠르게 읽고 난 후 이 부분을 천천히 조금씩 음미하듯 읽는 것도 나름 효율적인 독서 방법일 것이다. 2장에서는 시와 죽음, 예술과 죽음의 관계를 다룰 것이며, 3장에서는 예술가의 정체성과 양심 문제를 접목시킬 예정이다. 4장은 하이데거 철학과 김수영 시론의 연관성을 다룰 것이다. 4장을 통해 하이데거 철학이 한국인에게도 의미 있게 다가올 수 있다는 점과 시인이 바라본 철학자의 모습을 보여줄 것이다. 마지막으로 5장은 하이데거 철학의 미학적 기여에 관해 다룰 것이다. 미학에 대해 누구보다 신랄히 비판했던 하이데거가 역설적으로 미학에 얼마나 많은 기여를 했는지를 보일 것이다.

앞서 나는 순간을 사진에 빗대 말한 바 있다. 롤랑 바르트에 따르면, 사진은 과거에 실재했던 순간을 담은 매체다. 어떤 매체도 과거에 실재했던 순간을 사진만큼 잘 담지 못할 것이다. 물론 사진과 유사한 동영상도 실재했던 과거를 잘 담을 수 있다. 이들 영상매체는 글이나 전통적인 회화보다 더 정확하게 실재를 담아낼 수 있다. 가끔 이런 상상을 해본다. 일어나는 사건

모두를 찍을 수 있는 유비쿼터스 카메라가 있다면, 글로 쓰인 역사 서술은 불필요할지 모른다고. 그러나 그런 기계가 있다 하더라도 그것만으로는 역사가 될 수 없다. 역사는 어떤 결정적인 위대한 순간으로 채워져야 하기 때문이다.

역사란 전후 사건들을 한곳에 집결시킨 순간들의 '불연속적 연속체'이다. 이런 응집된 순간을 잡아내지 못한다면, 우리는 무한정 널려 있는 과거의 기록들에서 허우적댈 수밖에 없을 것이다. 과거에서 허우적댈 바에야 과거를 망각하는 편이 더 낫다. 니체의 생각처럼 현재와 미래의 발목을 붙잡기만 하는 과거는 도려내는 편이 현명하다. 역사란 위대한 순간에 대한 기록이다. 역사에서 위대한 순간을 말한다는 것은 이런 점에서 지루한 동영상에서 결정적인 한 장면을 캡처하는 것과 유사하다. 비유컨대 역사가의 사진은 위대한 순간을 포착하며, 역사는 그렇게 찍힌 사진들의 앨범이다. 철학사라는 사진첩에 꽂힌 한 장의 사진, 그 속에 담긴 순간의 크기를 글로 드러내보이는 것, 바로 이것이 내가 이 책에서 시도하려는 일이다. 그것이 진정 위대한 철학의 순간인지 아닌지는 독자가 판단할 몫이다.

『존재와 시간』의 예술철학적 실마리

산길

엉뚱한 질문 하나로 이야기를 시작해보자. 질문은 이렇다. 하이데거와 잘 어울리는 자연 풍경에는 어떤 것이 있을까? 산, 바다, 평원, 사막, 설원, 밀림, 황야, 호수, 강, 숲? 무엇보다 내게 먼저 떠오르는 풍경은 산이다. 험준한 기암절벽이 아니라 빽빽한 숲으로 채워진 나지막한 산이 떠오른다. 아마도 그것은 토트나우베르크 산장 때문일 것이다. 하이데거는 인적이 드문 산기슭에 오두막을 짓고 그곳에서 집필에 몰두했다. 주저인『존재와 시간』을 비롯하여 대부분의 작품들이 그곳에서 나왔다. 하이데거의 책 가운데에는 '숲길'과 '들길'이라는 제목이 있는데, '산길'이라는 제목의 책이 없는 것이 이상할 정도이다.

하이데거 철학의 산실 토트나우베르크 산장.

 산 정상에 이르는 길은 대개 하나가 아니다. 마찬가지로 어떤
철학의 정상에 접근하는 길에도 여러 가지가 있을 것이다. 철학
사의 맥락에서 어떤 철학의 사상사적 위치를 가늠해보는 길도
있겠고, 철학적 담론 바깥의 역사와 사회문화의 배경 속에서 그
철학이 가지는 의미를 읽어낼 수도 있을 것이다. 이렇게 철학
외부로부터의 접근뿐만 아니라, 철학 내적으로 그것이 사유의
사태로 삼은 것이 무엇인지를 천착하며 추적할 수도 있을 것이
다. 아니면 하이데거나 데리다처럼 하나의 철학이 숨기고 있는
또다른 사유의 단초를 통해 기존 해석들을 해체하며 새로운 해

석의 틀을 마련할 수도 있다. 이렇듯 상이한 접근방식들이 존재하지만 그것들 간에 공통점이 없는 것도 아니다.

각각의 접근방식들의 공통점은 '먼저' 어떤 이해의 지평을 마련하여 그 지평 속에서 철학의 '의미'를 가늠한다는 점이다. 하이데거에 따르면, "의미는 앞서 가짐, 앞서 봄, 앞서 잡음에 의해 구조화된 기획투사의 그 방향[의미지평]이며, 거기에서부터 어떤 것이 어떤 것으로서 이해될 수 있다."(GA2, 210: 원문 강조) 무엇인가의 의미를 이해하기 위해서는 의미지평을 앞서 가지고, 보고, 잡아야 된다. 아무것도 없는 상태에서 어떤 것의 의미를 이해할 수는 없다. 어떤 것을 무엇이라고(무엇으로서) 말하려면, '~로서'에 해당하는 부분을 미리 알고 있어야 한다. 예를 들어, 영화 〈부시맨〉(1980)의 한 장면을 보자. 현대 서양문명의 사각지대에 살고 있는 부시맨은 비행기에서 우연히 떨어진 코카콜라 병을 이해할 수 없다. 부시맨이 보기에 그것은 하늘에서 떨어진 것이기에 신의 물건이 아닐 수 없다. 부시맨이 콜라 병을 제대로 이해하기 위해서는 서양 문화, 자본주의 체계, 또는 그것이 너무 거창하다면, 음료수 물품 시장 정도는 이미 이해하고 있어야 한다.

여기서 이해의 의미지평은 역사, 사회, 문화, 사유의 사태 등등으로 다양하게 제시될 수 있다. 이런 지평이 먼저 펼쳐지지 않는 이상 이해는 애초부터 불가능하다. 그런데 이런 이해의 지평이 일차원적 평면으로 파악되어서는 곤란하다. 지평이 서로 혼합되고 교차하며 다면체를 이룸으로써 이해의 깊이가 더해질 수 있다. 그래서 다양한 접근로를 확보하여 하나의 철학이 가지는 입체적인 모습을 다각도에서 볼 수 있어야 한다. 물론 단숨에 모든 길을 갈 수는 없다. 하지만 하나의 길을 선택한다고 하더라도 다른 길과 마주치는 교차로에서는 잠시 멈추어 서서 다른 길 너머의 모습을 그릴 수 있어야 한다.

난해하기로 소문난(어렵기로 악명 높은 철학계의 H 삼인방은 헤겔^{Hegel}, 후설^{Husserl}, 하이데거^{Heidegger}이다) 하이데거의 『존재와 시간』에 접근하는 하나의 방법으로서 이 글이 제시하는 길은 예술철학의 길이다. 후기 철학에서 본격적으로 전개되는 예술철학의 지평 속에서 하이데거 철학, 특히 그의 주저 『존재와 시간』을 재해석하는 것이 이 글의 지향점이다. 이런 시도는 단순히 하이데거 철학을 쉽게 이해하기 위해서만은 아니다. 우리의 편견에 따르면, 예술은 철학보다는 다가서기가 쉽다. 하지만 예술에서 심원하고 미묘한 감동을 맛본 사람은 누구나 알고 있다. 예술은 어떤 점에서 철학보다 더 난해하다는 것을.

이해의 편의를 위해 마련된 해석의 틀은 대개가 어떤 철학이 가진 심오함을 제거해버리는 치명적 약점이 있다. 철학의 심오함은 그 철학이 보여주는 세계의 깊이에서 유래하기 때문에, 이것을 제거하는 것은 철학 자체의 왜곡과 몰이해를 뜻한다. 세계의 복잡성에서 기인하는 필연적 난해성은 불가피한 것이지, 결코 해소의 대상이 아니다. 그것은 가까이 다가서려는 이가 반드시 부딪혀야만 하는 것이다. 그것을 회피하고 쉽게 철학의 핵심에 도달하려는 욕망은 철학은 하지 않고 지적 거드름을 피우려는 사유의 허영이자 게으름일 뿐이다. 정말이지 (하이데거 철학을 포함해서) 철학은 어렵다. 그것은 다른 무엇보다 인간의 삶이 복잡하고 세계가 난해하기 때문이다.

그렇다면 하이데거 철학을 예술철학의 지평에서 재해석한다는 것은 무엇을 뜻할까? 이해하고 해석한다는 것은 이전에는 감추어져 있던 것을 드러내고 밝히는 것이다. 이런 의미에서 우리의 시도는 예술철학의 지평을 통해서 이전에는 조명되지 못한 하이데거 전기 철학의 한 측면을 밝히는 것이라 말할 수 있겠다. 동시에 하이데거 전기 철학을 후기 철학에 접목시킴으로써 역으로 후기 철학에 대한 이해를 심화시키는 작업이라 말할 수 있다. 더구나 현대가 미학의 시대이고 하이데거가 현대철학을 처음 열었던 철학자라면(현대철학은 지속적으로 미학화 경향을 띠고 있다), 이런 해석의 시도를 결코 평가절하해서는 안될 것이다.

하이데거 전문가들은 통상 하이데거 철학을 두 부분으로 나눈다. 『존재와 시간』을 기점으로 하는 전기 철학과 이후에 전개되는 후기 철학으로 말이다. 사유의 방향이 어디로 향하느냐에 따라서 전자는 인간이라는 존재자에서 존재로, 후자는 존재에서 존재자로 향한다고 말할 수 있고, 그런 방향에 걸맞게 전자는 인간의 존재방식, 즉 던져짐과 던짐(피투와 기투), 이해, 시간성, 자유와 죽음, 불안 등에 초점이 맞춰지고, 후자는 언어, 시, 예술, 존재역사 등에 초점이 맞춰진다. 이런 방향 전환을 두고 사람들은 '전회Kehre'라 부른다.(물론 이 말의 원조는 하이데거이다.) 전자가 여전히 인간 중심적 전통에 가까이 머물고 있는 데 반해, 후자는 거기에서 멀어져간 점을 강조하면서 전·후기 철학의 차이가 부각되기도 하고, 하이데거 자신의 주장처럼 연속성이 부각되기도 한다. 나는 단절보다는 연속의 관점에서 통일적인 하이데거 철학을 말하고자 한다. 그 일환으로 하이데거의 대표작이자 하이데거 전기 철학의 총결산이라 불리는 『존재와 시간』에서 예술철학적 단초를 찾아보려는 것이다. 이 작업은 첫째, 하이데거 철학의 통합적 해석을 꾀하고, 둘째, 하이데거 예술철학의 기초를 다진다는 의의가 있을 것이다.

다른 글[2]에서 언급했듯이 하이데거 전·후기 철학을 하나의 산봉우리에 빗댄다면, 전기 철학의 산봉우리에서 후기 철학을 바라볼 수 있어야 하는 것처럼, 후기 철학의 산봉우리에서 전기 철학의 모습을 볼 수 있어야 한다. 왜냐하면 양대 봉우리가 서로의 풍경이 살아나는 최적의 감상 지점이기 때문이다. 그런데 하이데거 철학의 전모를 보기 위해서는 일단 어느 봉우리든 올라가야 한다. 산행에서는 항상 능선까지 오르는 일이 어렵다. 하나의 봉우리 또는 능선까지만 오르고 나면 다음부터는 그다지 힘들지 않다. 능선에선 오르막이 있더라도 얼마 가지 않아서 내리막이 나오기 때문이다. 그러나 능선까지, 능선의 봉우리 하나에까지 오르는 길은 고되다. 내리막이 없기 때문이다. 하이데거 독서도 그렇다. 철학과 인간의 삶과 죽음, 불안 등등에 관심 있는 독자는 전기 산봉우리까지 올라가야 한다. 반면 언어와 시, 예술과 기술 등에 관심 있는 독자는 후기 산봉우리로 향하는 길에 들어서야 한다. 각 봉우리로 오르는 길에 들어서면 당분간 내리막은 없다. 땀을 비 오듯 흘려가며 앞만 보고 올라가야 한다. 하지만 정상에 오르면 다른 봉우리로 가는 길은 수월하다. 그리고 그곳에서 바라보는 전망은 그야말로 압권이다.

산을 좋아하는 사람들은 잘 알고 있는 이야기를 가지고 하이데거에 접근하는 방법을 하나 말해보겠다. 내가 처음 설악산에 갔을 때 '비선대' 산장에서 만났던 산 아저씨에게 들은 이야기다. 그분은 인천의 한 학교에 근무하시는 선생님인데 산을 무척 좋아하셨다. 어느 정도냐 하면, 방학하자마자 인천에서 설악산까지 산길을 따라 도보로 산행을 즐기는 분이다. 당시만 해도 산행에 서툴렀던 내게 그분은 이런 이야기를 전해주었다. 사람들이 "설악산에 갔다 왔어"라고 말할 때, 하나의 설악산을 떠올려서는 안 된다는 것이었다. 이 말의 의미는 이렇다. 처음 다섯 번 정도 설악산에 왔던 사람들은 설악산 소공원 근방에서 놀다 온 사람들이고, 열 번 가까이 다녀왔던 사람들은 천불동 계곡을 구경한 사람들이고, 열다섯 번 정도면 오세암을 거쳐간 사람들이고, 열다섯 번에서 스무 번 정도면 공룡능선을 타본 사람들이라는 것이다. 사실 스무 번 이후로도 계속 열거되었지만, 내 기억에는 공룡능선까지만 남아 있다. 각각의 사람들은 천양지차의 설악산을 보고 "설악산에 갔다 왔어"라고 말한다. 천불동 계곡에서 보는 설악의 모습과 공룡능선에서 보는 설악의 모습은 달라도 너무 다르다. 하이데거라는 산봉우리에 오르는 것도 이와 마찬가지다. 횟수도 중요하지만 그때마다 생각의 어느 지점에 올라 전체를 조망하느냐가 중요하다.

또 한 가지, 능선에 오르기 전까지는 발밑만 보고 걸어야 피로가 덜하다. 어차피 능선에 도착하기 전까지는 내리막이 없기 때문에, 먼 곳을 볼 필요도 없다. 오르막길 주위에는 멋진 풍경도 별로 없다. 목표 지점은 보이지 않을뿐더러 보이더라도 눈에

27
1장 │『존재와 시간』의
예술철학적 실마리

보이는 거리와 몸으로 실감하는 거리는 천양지차다. 한 걸음 한 걸음 발밑만 보며 뚜벅뚜벅 걸어가는 편이 현명한 보행법이다. 그러나 일단 능선에 오르면, 주위를 둘러볼 여유가 생긴다. 게다가 위에서 바라보는 산세의 아름다움이 이만저만 아니다. 그 때문에 능선에 오르기 전까지 주위를 두리번거리지 않고 묵묵히 걸으려는 마음가짐이 필요하다.

산에 오르는 무거운 발걸음 하나하나가 나중에 보게 될 산의 경치를 더 아름답고 의미 있게 만든다. 케이블카로 정상에 오른 사람들에게 경치는 한갓 볼거리, 구경거리에 지나지 않는다. 하이데거 철학에 접근하는 길도 그렇다. 간략히 요약되고 정리된 입문서로 최대한의 이해를 구해보려는 계산적인 사람에게 하이데거는 자신을 열어보이지 않는다. 그런 얄팍한 태도에 대해 누구보다 강렬히 비판하는 사람이 하이데거 자신이기 때문이다. 최소한의 투자로 최대의 이윤을 내려는 경제적인 사람은 깊은 산중에까지 힘들여서 오지 않는다. 마찬가지로 쉽게 얻는 쾌락만을 추구하는 자는 결코 철학하지 않을 것이다. 산행과 철학함은 오직 고통스런 노력의 정직한 대가로 기쁨을 준다. 요행과 효율이 아니라 '산과 나'를 찾으려는 진정성만이 산행의 묘미를 선사해준다.

오푸스 마그눔

1927년은 하이데거가 그의 주저(오푸스 마그눔^{opus magnum}) 『존

왼쪽부터 레비나스, 데리다, 가다머.

재와 시간』를 발표한 해이다. 이 책으로 하이데거는 일약 세계적인 철학자로서의 입지를 굳힌다. 이 저작의 출간 시점은 근대철학과 현대철학을 가르는 시간적 경계에 해당한다. 한 사람의 저작이 한 시대를 구획한다는 이런 평가는 이후 현대철학을 개척한 수많은 사람들의 증언으로 쉽게 확인할 수 있다. 프랑스 현대철학을 주도한 에마뉘엘 레비나스는 현대철학으로 넘어오기 위해서는 하이데거라는 큰 강을 건너야 한다고 말하면서, 하이데거를 이렇게 평가한다. "내게 하이데거는 20세기의 가장 위대한 철학자입니다. 아마도 천 년에 한 번 나올 만한 위대한 철학자 가운데 한 명일 겁니다."[3]

현대 프랑스 철학을 주도한 말년의 자크 데리다 역시 자기 자신의 철학을 소개하는 세미나에서, 이 시간에 하이데거 텍스트를 보는 편이 더 생산적일 것 같다고 말할 정도이다. 현대철학의 주류를 형성했던 프랑스 철학자들의 평가가 이럴진대, 독일 철학자들의 평가는 더이상 말할 나위도 없을 것이다. 현대 해석학의 창시자인 한스게오르크 가다머는 예순의 나이에야 비로소 『진리와 방법』이라는 책을 출간하게 되는데, 그 이전까지 내놓을 만한 글을 창작하지 못한 까닭이, "글을 쓰려고 책상에 앉으면 하이데거가 등 뒤에서 굽어보고 있다는 섬뜩한 느낌을 떨쳐버릴 수 없었기 때문"이라고 술회한다. 이것은 비단 철학자들만의 찬탄이 아니었다. 저명한 물리학자인 카를 프리드리히 폰바이체커는 하이데거 강의에서 받은 충격을 다음과 같이 묘사하고 있다. "바로 이것이 철학이다. 나는 그의 말을 한마디도 이해하지 못한다. 그럼에도 이것이야말로 철학이다."

이처럼 현대의 대다수 지성인들은 하이데거의 『존재와 시간』에 감탄했고, 그 저작을 기점으로 새로운 현대적 사유를 전개하게 되었다. 메를로퐁티, 사르트르, 리쾨르, 푸코, 데리다, 레비나스 같은 현대 프랑스 철학자들은 물론이고, 마르쿠제와 하버마스의 비판이론, 아렌트의 정치철학, 실존철학과 현상학, 가다머의 해석학, 철학적 인간학, 언어철학, 과학철학, 포스트모더니즘 등등 현대의 거의 모든 지적 흐름의 원천으로서 하이데거철학을 지목할 수 있다. 그런데 『존재와 시간』의 출간에 이어서 현대철학을 결정짓는 또다른 큰 사건이 일어나게 된다. 하이데거의 나치 참여가 그것이다.

1933년, 하이데거가 나치에 협력한 사건이 발생한다. 세계적인 대석학 하이데거가 나치 치하의 프라이부르크 대학 총장으로 취임한 것이다. 하이데거 자신이나 그의 추종자들이 무엇이라 변명하든, 그해 하이데거는 자신의 철학적 위상에 지울 수 없는 오점을 남겼다. 그런데 이 사건은 단지 하이데거라는 한 개인의 오류로만 남지 않는다. 물론 그렇게 볼 수도 있다. 당시 대부분의 독일 사람들이 히틀러를 지지했던 세태에 하이데거 역시 부화뇌동한 것에 불과하다고 그 의미를 축소할 수 있다. 분명 한갓 사소한 실수일 수 있다. 하지만 그렇게만 볼 수는 없다. 하이데거라는 이름은 더이상 한 개인을 지칭하는 기호를 넘어섰기 때문이다. 그 기호가 너무도 많은 내용을 담고 있기 때문이다. 그것의 빛이 너무도 강렬했기 때문이다.

앞서 언급했듯이, 서구 지성사에 기록된 하이데거라는 이름은 특정 개인을 지칭하는 말이 아니다. 그렇기에 하이데거의 나치 참여는 좁게는 하이데거에 영향을 받은 현대철학 전체, 넓게는 하이데거가 극복하려 했으나 실패한 서양 사상 전체의 풀리지 않은 오류로 남는다. 또한 이 순간은 서양 철학의 헤게모니가 독일에서 프랑스로 넘어가는 순간이며, 하이데거에서 시작했지만 더이상 그에게만 머물 수 없어 흩어지고 유랑할 수밖에 없는 현대철학의 디아스포라적 운명을 결정지은 순간이기도 하다. 하이데거의 지적 유산을 양도받았지만 상속을 철회할 수밖에 없기 때문에, 빈털터리로 떠돌 수밖에 없는 현대철학자들의 지적 세계를 이해하기 위해서는 1933년을 떠올려야만 한다. 예컨대 하이데거를 경탄과 경외의 감정으로만 바라볼 수 없었던 레비나스는 이렇게 말한다. "아주 짧은 기간이기는 했으나 그가 1933년에 보인 모습을 결코 잊을 수 없어 매우 고통스럽다." 레비나스를 비롯한 현대철학자들은 하이데거가 성취한 위대한 순간, 진실과 오류가 교차되는 그 순간을 경탄과 고통이란 양가감정을 가지고 바라볼 수밖에 없었다. 1927년에 등장한 오푸스 마그눔의 강렬한 빛은 1933년에 그만큼 어두운 그림자를 남겼다.

철학하는 햄릿

『존재와 시간』을 저술했던 38세의 젊은 하이데 거를 생각해보면, 셰익스피어의 햄릿이 떠오른 다. 실존적인 문제로 고뇌하는 햄릿. 결국 가혹 한 운명을 예감하고 행동하기를 주저하면서도, 어느 순간 과감히 결단하는 그 비극적 영웅. 단 지 유사한 성격을 가지고 있는 인물이라는 점에 서 하이데거와 햄릿을 교차시키는 것은 아니다. 그 두 인물의 고뇌가 동일한 철학적 문제를 건 드리고 있다는 점에서 하이데거는 햄릿과 만난 다. 두 사람이 부딪힌 동일한 문제는 '존재'이다.

셰익스피어 비극의 주인공 햄릿.

> 사느냐 죽느냐, 그것이 문제로다. 포악한 운명의 화살이 꽂혀도 죽
> 은 듯 참는 것이 장한 일인가. 아니면 창칼을 들고 노도처럼 밀려드
> 는 재앙과 싸워 물리치는 것이 옳은 일인가.[4] (인용자 강조)

셰익스피어 비극 가운데 손꼽히는 명대사이다. 햄릿의 자기 독백이 터져나오는 한 장면이다. 햄릿은 죽은 아버지의 유령을 만난다. 조금씩 그는 숙부가 아버지를 죽여 왕위를 찬탈하고 어 머니와 결혼한 끔찍한 사건의 전말을 알게 된다. 그러면서 복수 를 감행해야 할지 고민한다. 그때 햄릿의 입에서 터져나온 말이 "사느냐 죽느냐, 그것이 문제로다To be or not to be, that is the question"라는 명구다. 어쩌면 인간의 실존적 고민의 마지막 말은 이 한마디

다. 살면서 과연 이보다 더 중요한 문제가 있을까?

하이데거는 한평생 단 하나의 문제를 갖고 씨름했다고 한다. 하이데거의 과장적인 수사법에 따르면, 모든 위대한 철학자는 자기처럼 단 하나의 문제와 씨름했다. 플라톤에게는 '이데아', 아리스토텔레스에게는 '에네르게이아', 데카르트와 칸트에게는 '생각하는 나', 헤겔에게는 '절대정신', 니체에게는 '힘에의 의지'가 그것이다.(GA11, 59 참조) 물론 그 모두는 하이데거의 관점에서 그들 각자의 존재이해를 표현한 말들에 불과하다. "도대체 왜 없지 않고 있는가?"라는 존재물음은 거의 강박에 가까울 정도로 하이데거의 사유를 지배하고 있다.

이 물음 속에서 하이데거는 불안과 무를 말하고 존재의 역사를 말한다. 인간의 존재방식을 묻기도 하고 존재사건Ereignis으로서 존재를 말하기도 한다. 모든 문제가 존재물음에서 시작해서 다시 그 물음 속으로 되돌아간다. 그것을 사람들은 햄릿처럼 삶과 죽음의 경계에 처한 인간 존재의 본래적이고 불가피한 실존적 고민으로 해석하기도 하고, 파르메니데스 이래로 줄곧 사유의 짝패였던 형이상학적 문제로 간주하기도 한다. 어떤 식으로 이해하든 관계없이, 하이데거에게 사유될 만한 최고의 문제는 존재 이외의 다른 것이 아니었음은 분명한 사실이다. 그래서 햄릿의 독백을 하이데거적 문맥에서 번역한다면(의역하지 않고 직역한다면), 다음과 같다. "존재하는가 존재하지 않는가, 그것이 문제로다."

햄릿의 고뇌는 죽은 아버지 유령의 출현에서 시작한다. 억울하게 죽어 구천을 떠도는 아버지 유령과 만난 이후부터, 햄릿은 평온한 일상을 살 수 없다. 아버지, 곧 자기 존재의 기원이 유령으로 나타나 자기를 죽인 원수에게 복수하라고, 부정의不正義에 대해 응징하라고 햄릿에게 촉구한다. 햄릿은 아버지 유령의 이런 호소를 외면할 수 없다. 햄릿은 점차 안정된 현행 질서체계의 기원이 사실 불의와 배신, 모반과 반역에 있다는 사실을 알게 된다. 이제 햄릿은 지금의 현실이 아니라 사라진 과거의 유령에 지배를 받는다.

이런 점은 하이데거도 마찬가지다. 그는 서양 철학 전체를 회고하며 비판한다. 그 까닭은 간단명료하다. 수많은 사람들이 죽은 양차 세계대전과 모든 것을 돈으로 교환할 수 있는 자본주의 체제, 그리고 과학기술문명의 폐해가 단순한 우연의 산물이 아니라, 서양 철학의 뿌리에서 성장한 열매들이라고 보기 때문이다. 그리고 그가 비판의 준거로 삼고 있는 것은 소크라테스 이전 철학자들의 존재이해이다. 지금과는 다른 존재이해, 망각된 과거의 존재이해를 다시 불러오지 못하면, 현 시대의 난관을 돌파할 수 없다고 하이데거는 보았다. 이런 점에서 햄릿처럼 하이데거는 과거의 유령에 사로잡힌 자이다. 그는 자기 존재의 근원인 아버지의 아버지, 근원 아버지의 유령에 귀를 기울인 철학자이다.

『철학에의 기여』라는 책에서 하이데거는 철학의 또다른 시원을 준비하고자 하는 사람이 가지게 되는 근본 정조를 몇 가지 제시한다. "경악, 억제, 머뭇거림, 예감, 직감"(GA65, 22) 등등이 그것이다. 비록 우연의 일치이기는 하겠지만, 여기서 열거된 각각의 정조는 극중 햄릿의 주된 정조와 일치한다. 부친 살해의 주범이 자기 숙부와 어머니라는 사실에 대한 경악, 사실 확인까지의 억제, 살인의 머뭇거림, 망령의 도움을 통한 진실의 예감 등등. 하이데거의 대표적인 정조인 '불안'(그 속에서의 결단)은 말할 것도 없고, 하이데거가 언급하는 주요 기분들 모두 햄릿에게도 적용된다. 그 까닭은 두 사람 모두 동일한 문제, 즉 "to be or not to be"의 문제로 씨름하고 있기 때문이다.

　햄릿과 하이데거 사이에는 또다른 일치점이 있다. 앞으로 살펴보겠지만, 하이데거는 서양 철학의 새로운 가능성을 예술 속에서 찾으려 한다. 예술 속에서 그리고 예술과 함께 전통 형이상학 극복의 가능성을 타진한다. 한마디로 말해, 예술 속에서 숨겨진 진실을 볼 수 있다고 생각한다. 그와 유사하게 햄릿도 자기 부친 살해의 비밀을 선친의 망령을 통해 예감하지만, 결국 부친 살해사건과 유사한 줄거리를 담고 있는 연극(예술작품)을 통해 범죄 사실을 확인한다. 부친을 살해한 숙부와 함께 그 연극을 관람하면서, 심기 불편해진 숙부의 일그러진 표정을 통해 숙부의 범죄를 확인한다. 이처럼 하이데거와 햄릿은 모두 진리가 폭로되는 장소로서 예술을 이해한다.

화두

자타공인 하이데거 일생일대의 화두는 '존재'였다. 이 화두를 잡고 그는 한평생 철학자로 살았다. 이 화두가 잘 표현된 책이 바로 그의 주저 『존재와 시간』이다. 그런데 책 제목에서 알 수 있듯이, 하이데거는 시간의 지평에서 존재를 바라보고자 한다. 이런 그의 시도는 철학적 혁명을 일으킨 일대 사건이었다. 왜냐하면 전통 철학자들은 존재가 시간을 초월한 영원한 곳에 있다고 보았기 때문이다. 그들의 입장에서 볼 때, 시간의 지배를 받아 변화하는 것들은 생성의 영역에 속하는 것으로서 알 수 없는 것들이다. 전통 철학자들이 생각하기에, 철학자는 이런 생성 세계에 머물러서는 안 되며, 그 배후에 있는 변치 않는 세계, 영원한 존재의 세계로 나아가야 한다. 그런데 하이데거를 기점으로 현대철학자들은 더이상 존재를 언급하지도 않든가, 아니면 항상 시간과 더불어 존재를 사유한다.

정확하게 말하자면, 하이데거 이후 현대철학자들은 고대·중세 철학자들처럼 '존재'에만 머물 수도 없었으며, 그렇다고 근대철학자들처럼 '생각하는 주체'에만 머물 수도 없었다. 달리 말해서 존재와 사유 모두와 그 관계를 새롭게 재정립할 필요가 있었다. 2,500년 철학사를 회고하는 하이데거는 존재라는 철학의 최고 화두를 사유하되, 사유하는 존재(느낌, 몸짓, 행위, 언어 등을 포괄하는 넓은 의미의 사유)를 선결과제로 놓았다. 그래서 『존재와 시간』에서 주로 다뤄진 것은 자기 존재를 끊임없이 묻고 사유하는 인간 현존재^{Dasein}이다. 하이데거에게 인간은 더이상 '생각하는 주체'가 아니라, 존재를 묻고 밝히는 존재, 더나아가 존재가 스스로를 드러내는 거기^{Da}의 존재^{Sein}이다.

하이데거의 현존재는 구체적인 개별자이고 가능성이 충만한 실존이며 동시에 특정한 세계 속에서 살아가는 존재이다. 그는 주위 사물이나 타인과 함께 관계를 맺으며 살아간다. 아니 처음부터 그는 그런 관계망 속에서 살고 있다. 그래서 현존재는 우선은 대개 '나'가 아닌 일상적인 '우리'로 살아간다. 그렇다고 항상 우리로만 살지는 않는다. 어느 시점이 되면 '자기 자신'으로 되돌아가려고 한다. 그러나 '확고하게 고정된 자기'가 존재한다고 생각하면 곤란하다. 하이데거에게 실체화된 '나'는 없다. 나는 차라리 진행중인 나, 변해가는 나, 자기를 창작할(될) 수 있는 가능성을 가진 존재, 그런 창조적이고 자유로운 존재에 가깝다. 결국 되돌아가려 하는 자기는 실체화된 자기가 아니라, 이처럼 가능성으로 충만한 자유인으로서의 자기다.

그런데 여기서의 자유는 그저 달콤하기만 한 자유는 아니다. 차라리 그림이 그려지지 않은 흰 캔버스 또는 글이 쓰이지 않은 백지, 아니면 커서만 깜박이는 빈 문서파일처럼 공포와 불안을 자아내는 텅 빈 자유다. 무한한 가능성을 내장하고 있는 현기증 나는 자유다. 또한 그 자유는 기존의 강고한 '나'를 깨트려야만 확보할 수 있다. 그것은 죽음을 각오해야만, 자기 인생 전부를 걸고 모험해야만 가까스로 열리는 자유다. 그리고 이런 현존재의 자유에서 비로소 존재의 풍요롭고 진실한 모습들이 드러난다.

『존재와 시간』을 비롯한 하이데거의 전 저작은 존재물음이 주된 내용이다. 존재망각에 빠진 서양 철학을 비판하면서 다시금 새롭게 존재를 묻고 반추하려는 것이 일생을 통해 하이데거가 하고자 했던 지적 작업이다. 그에게 존재는 가장 중요한 철학적 사유의 사태였기 때문이다. 하이데거가 보기에 전통 철학, 전통 존재론이 말하는 존재는 진정한 존재가 아니다. 물론 전통 철학자들도 "존재는 존재자가 아니다"라는 존재론적 차이를 알고는 있었지만, 그들은 계속 존재를 존재자로서 사유한다. 하이데거가 전통 존재론을 "존재–신–론$^{Onto-theo-logie}$"이라고 비판하는 것도 이런 맥락 때문이다. 말하자면 존재를 최고의 존재자로, 즉 모든 것의 근원이자 모든 존재하는 것을 포괄하는 일자一者로 이해하고 그것을 다시 신으로, 궁극적인 실체로 이해하면서, 존재는 다시 존재자로 전락한다. 즉 가장 있음직한 존재자성^{Seiendheit}으로 추락한다. 이런 존재이해 속에서는 존재자를 초월한다고 가정된 존재 역시 결국에는 또다른 모습의 존재자로 둔갑하고 마는 것이다.

전통 존재론에서 존재는 태양으로 비유되었다. 모든 존재자들 위에 군림하면서 존재자를 존재자이게끔 하는 태양 같은 것이 바로 존재이다. 존재자를 존재하게 하는 것, 존재자를 현상하게 하는 것은 빛이다. 빛은 스스로는 보이지 않으면서 다른 모든 것들을 보이게 해준다. 그런데 전통 철학자들은 '존재의 빛'의 최종 원천을 태양으로 이해했다. 그러나 태양이라는 빛의 샘(광원)을 상정하면서 존재는 다시 존재자로 이해된다. 스스로는 보이지 않으면서 모든 것을 보이게 하는 빛이 태양이라는 실체로 지목되면서 빛의 '비가시성'이 망각된다. 하이데거는 존재에서 '가시성을 가능케 하는 비가시성', 곧 '가시 불가능성의 가능성'을 복원한다. 결국 하이데거 철학은 지금껏 망각된 존재의 비가시성, 존재의 '어둠'을 복원하고 기억하려는 사유의 노력이라고 요약할 수 있다.

쿠라 신화

철학자 하이데거도 하나의 신화를 인용함으로써 인간의 모습을 보여주려 한다. 신화는 인간에 대한 하이데거 자신의 생각을 효과적이고도 탁월하게 보여줄 수 있으며, 동시에 하나의 이론으로 만들어지기 이전부터 오랫동안 많은 사람들이 자신과 유사한 생각을 해왔다는 좋은 증거가 될 수 있기 때문이다. 즉 신화는 이론의 예시적 선명성과 보편타당성을 확보할 수 있도록 도와준다.

하이데거에게 신화는 한갓 허구가 아니다. 계몽주의자들이 말하는 미신은 더더욱 아니다. 하이데거는 뮈토스^{mythos} (신화)를 그 말의 원래 의미인 '말하기'로 이해한다. 원래 신화는 로고스 (이성)와 대립하는 것이 아니었다. "뮈토스와 로고스는 항간의 철학사에서 주장되듯이, 철학 자체에 의해서 서로 대립하게 된 것은 아니다. 오히려 그리스의 초기 사상가들은 뮈토스와 로고스를 동일한 의미로 사용한다. 그래서 뮈토스와 로고스는 그것들 모두가 시원적인 본질을 더이상 유지하지 못하는 곳에서 비로소 갈라지고 대립하게 된 것이다. 이미 이런 일이 플라톤에게서 일어났다."(GA8, 6-7) 본래 신화는 이성과 더불어 존재를 밝히는 말하기 방식이다. 그것은 까마득한 옛날부터 사람들이 믿어온 그럴듯한 이야기다. 그렇기에 이성의 잣대에 못 미친다는 이유로 신화를 폄하하는 것은 어리석은 일이다.

뮈토스와 로고스는 언어의 두 가지 모습이고, 로고스처럼 뮈토스도 존재를 드러내는 언어다. 그런데 플라톤 이후 서구 철학의 역사는 신화를 지워낸 공백에 다시 써내려간 로고스의 역사라 할 수 있다. 어쩌면 그것은 말소와 왜곡의 역사이다. 철학자 셸링의 말처럼, 신화는 예술의 토양이다. 그렇다면 예술은 여전히 지워지지 않은 신화적 흔적에 대한 또다른 이름일 것이다. 그 흔적은 지워지지 않을뿐더러 도리어 지금까지의 역사를 가능케 했으면서 또한 붕괴시킬 수도 있는 심연이자 근원이다. 하이데거가 '전회'를 말하면서 또다른 시원을 모색해야 한다고 했을 때, 그 말은 바로 이 심연 속에서 새로운 철학의 가능성을 찾아야 한다는 뜻이다. 요컨대 신화와 예술은 희미하게 남은 '존재의 흔적'을 담고 있다.

가끔씩 하이데거는 신화(유독 그리스·로마 신화)에 의존하고, 때로는 그것에 과도한 의미를 부여하기도 한다. 언어를 "존재의 집"이라며 중립적으로 말하면서, 유독 그리스어와 독일어에 특권을 주는 것도 같은 맥락이다. 신화와 (그리스어/독일어) 어원 분석을 통해 얻은 통찰은 무시할 수 없는 것이지만, 설득력에 있어서 분명한 한계를 가지고 있다. 이런 분석의 설득력은 같은 신화, 언어, 문화를 공유한 사람들에게만 구속력을 가지며, 그 바깥에 있는 사람들에게는 그럴 수도 있겠다는 '개연성' 정도의 힘만을 가진다. 물론 하이데거도 이 점을 어느 정도 알고는 있었다. 그래서 그는 이해를 돕는 차원에서만 가볍게 쿠라 신화를 도입한다. 쿠라 신화는 인간의 기원에 관한 신화이자, 하이데거식 인간 이해, 즉 현존재를 이해하는 데 도움을 줄 수 있는 신화이다.

쿠라 신화의 내용을 간략히 재구성해보기로 하자. 대개의 인간 기원에 대한 신화가 그러하듯이 쿠라 신화에서도 인간은 쿠라cura라는 신의 산물이다. 하루는 쿠라 여신이 강을 건너가다가 찰흙을 발견한다. 가던 길을 멈추고 그녀는 그 흙으로 인간을 빚는다. 쿠라는 미동도 없는 자신의 피조물에 불만을 느껴, 유피테르에게 영혼을 불어넣어달라고 부탁한다. 그런데 쿠라가 자신의 창작물에 이름을 부여하려 할 때 문제가 발생한다. 유피테르는 인간에게 가장 중요한 영혼을 불어넣어준 것이 자기이기 때문에 당연히 자기 이름을 붙여야 한다고 주장하고, 덩달아 대지의 신 텔루스도 나타나 자신의 일부분으로 인간을 만들었으므로 자기 이름을 붙여야 한다고 주장한다. 그 세 신이 인간의 이름을 두고 말다툼을 하다가 결론이 나지 않자, 결국 시간의 신 사투르누스를 심판관으로 모시고 그의 판결에 승복하기로 한다. 사투르누스의 판결은 이러했다. "그대 유피테르, 그대는 영혼을 주었으니 그가 죽을 때 혼을 받고, 그대 텔루스는 육체를 선물했으니 육체를 받아가라. 하지만 쿠라는 이 존재를 처음으로 만들었으니, 이것이 살아 있는 동안, 쿠라는 그것을 그대의 것으로 삼을지니라."(GA2, 269) 꽤 공평한 판결이다. 이런 이유로 인간은 살아 있는 동안 쿠라의 지배를 받게 되었다고 신화는 전해준다.

하이데거가 보기에, 인간의 본질은 '염려Sorge'이다. 인간은 항상 무엇인가에, 누군가에, 혹은 미래 또는 과거에 마음을 쓰면서 살아간다. 이렇게 마음을 딴 곳에 둘 수 있기 때문에, 마음속에는 존재하는 온갖 것들이 들어올 수 있다. 하이데거가 인간을 현존재Dasein로 새롭게 규정한 것은 '존재Sein가 드러나는 거기Da

그 시간과 장소'라는 뜻을 부각시키기 위해서인데, 염려는 이런 현존재의 본질을 표현한 말이다. '염려'에 해당하는 독일어 Sorge는 영어로 care로 번역되며, care는 라틴어 쿠라^{cura}에서 온 말이다. 하이데거가 왜 쿠라 신화를 인용했는지 이제 짐작할 수 있을 것이다. 신화에 따르면, 인간은 살아 있는 동안 쿠라의 지배를 받는다. 다시 말하면, 영어 단어 care에 담겨 있는 의미인 '걱정, 근심, 주의, 조심, 배려, 돌봄, 보살핌, 보호, 간호, 관심' 등에서 하루도 벗어나지 못한다는 것을 뜻한다. 정말 그렇지 않은가? 도통한 사람이 아니라면, 인간이 신이 아니라면, 이렇듯 염려하며 한평생을 살고 있지 않은가?

신화 속에서 신들의 다툼은 이름을 짓는 일에서 시작되었다. 작명을 둘러싼 신들의 싸움, 이것이 이야기를 이루는 핵심적인 사건이다. 사물에 이름을 붙이는 일, 사물을 특정 이름에 귀속시키는 일, 이것은 생각처럼 쉬운 일도 아니며, 소홀하게 여길 일도 아니다. 얼마나 중요하면 신들의 치열한 소유권 분쟁으로 비화되었겠는가? 명명命名이란 소유물을 소유주에 귀속시킨다는 원초적인 의미를 가지고 있다고 신화는 말해준다. 이름을 짓는다는 것은 소속을 밝히는 행위이다. 예컨대 서양이나 동양이나 한 사람의 이름에는 그 사람이 소속해 있는 가문의 이름^{family} ^{name}이 포함되어 있다. 동양인들은 한술 더 떠서 한 사람의 이름이 운명을 좌우한다고 믿는다. 때문에 그 사람이 속해 있는 우주의 시공간에 맞추어 작명해야 한다고 믿어왔다. 또한 예술가들이 자기 작품에 서명을 한다든지 계약서에 서명을 하는 것만을 보더라도, 이름은 사물의 소유관계를 확립하는 기호이다.

다시 신화로 돌아가보자. 신화는 살아 있는 인간을 지배하는 쿠라를 말하는 것으로 그치지 않는다. 모든 것의 최종 판결권은 시간이 가지고 있다. 시간의 신 사투르누스가 모든 결정을 담당하고 있다. 그렇다면 인간의 궁극적인 본질은 시간에 속해 있다고 볼 수 있다. 하이데거는 이 부분을 다음과 같이 해명한다. "이 형상의 '근원적인' 존재를 어디에서 봐야 하는가에 대하여 결정권을 쥐고 있는 것은 사투르누스, 즉 '시간'이다. 이렇게 우화에서 표현되고 있는 인간에 대한 존재론 이전의 본질 규정은 애초부터 이 세계에서의 인간의 시간적인 변화를 철저히 지배하고 있는 그 존재양식을 염두에 두었다."(GA2, 270: 원문 강조) 신화가 보고하는 바에 따르면, 일차적으로 살아 있는 인간을 결정짓는 것은 쿠라이다. 그러나 궁극적으로 인간을 결정짓는 것은 시간이다. 인간의 삶을 특징짓는 것이 염려라면, 삶과 죽음 모두를 주관하는 것은 시간이다. 시간이 인간을 결정한다.

공포와 불안

인간은 염려하며 살아가는 존재이다. 살아 있는 동안에는 한시도 염려에서 벗어날 수 없다. 근본적으로 인간을 염려라고 보기 때문인지, 하이데거는 공포와 불안이라는 주제를 진지하게 다룬다. 사실 공포와 불안만큼 우리 인간을 구속하는 것이 있을까? 사람들은 '현대인의 불안'을 특화시켜 말하지만, 과연 과거의 사람들은 공포와 불안에 떨지 않았을까? 아마 생명의 위협에 항시 노출되어 있던 원시인들은 이 감정에 더 완강하게 사로잡혔을 것이다. 아무리 이성적으로 계몽된 현대인들이라도 내면 깊숙이 자리잡고 있는 불안을 건드리기만 하면, 언제든 이성이 아니라 불안의 지배를 받는다. 대중을 조종하고 통제하려는 사람들이 대중의 불안 심리를 이용하는 것은 이미 잘 알려진 사실이다.

시간의 세 가지 계기 가운데, 감정 내지 기분은 '과거'에 해당된다. 감정이란 오래전부터 우리를 규정하고 결정해온 존재의 메시지다. 가랑비에 시나브로 옷이 젖듯이, 감정은 어떤 주위 상황(존재자들을 결정하는 존재)이 나도 모르는 사이에 내게 건넨 메시지라고 할 수 있다. 뒤늦게 나는 그것을 알아차린다. '과거의 자취'를 감지하는 것이다. 하이데거가 『존재와 시간』에서 주로 분석하는 감정은 공포와 불안이다. 양자 모두 썩 유쾌한 기분은 아니다. 많은 경우 우리는 이 두 감정을 혼동하기도 한다. 보통 일상 어법에서는 공포와 불안을 거의 동의어로 사용한다.

하지만 둘 사이에는 결정적인 의미의 차이가 있다. 공포가 우리의 불안정한 감정을 야기하는 대상이 분명한 반면, 불안은 대상이 불분명하다는 점이 그것이다. 공포를 일으키는 대상은 반드시 존재하기 마련이다. 직접적으로 나의 생명을 위협한다든지, 어떤 식으로든 위해를 미친다든지, 지금 대면하지는 않고 있으나 곧 다가올 것 등은 모두 공포의 대상이다. 공포의 대상은 사물일 수도 동물일 수도 사람일 수도 있으며, 대개는 우리에게 잘 알려진 것들이다. 반면 불안에는 대상이 없어 보인다.

공포와 유사한 감정이면서도, 불안의 경우 그것을 일으키는 대상을 찾을 수 없다. '이유 없는 불안'은 여러 불안들 가운데 특정한 한 가지 불안의 모습이 아니라, 불안만이 가지는 불안의 고유한 특징이다. 요컨대 공포가 어떤 특정 존재자에서 비롯된 무서움의 감정이라면, 불안은 자기 외부의 특정 존재자가 아니라 자기의 실존 자체에서 느껴지는 감정이다.

사례를 하나 들어보기로 하자. 어떤 두려운 것이 내 앞에 있다. 예를 들어 송아지만큼 큰 개 한 마리가 날카로운 송곳니를 드러내며 나를 향해 으르렁거리고 있다. 언제 나를 향해 돌진할지 모른다. 이런 상황에서 머리카락이 송연해지지 않는 사람은 없을 것이다. 공포가 닥칠 때, 나의 마음은 온통 그 위험에서 빠져나가려는 생각으로 가득찰 것이다. 그러는 사이에 나는 스스로를 망각할 수밖에 없다. 나의 마음을 온통 차지하고 있는 것은 무시무시한 개 한 마리뿐이다. 이처럼 나의 마음을 빼앗고 혼돈스럽게 만들며, 그래서 스스로를 잊게 하는 감정이 공포이다. 하이데거가 들고 있는 사례처럼(GA2, 452 참조), 집에 불이 났을 때 아무 생각 없이 중요하지도 않은 물건만을 달랑 들고 나오는 경우를 떠올릴 수도 있다.

그러나 사실 공포의 밑바닥으로 더 내려가면, 공포와 불안의 경계는 희미해진다. 대상의 유무만으로 둘을 나누기 힘들어지기 때문이다. 공포가 일어나는 원인이 공포를 야기하는 대상에만 있는 것이 아니라 자기를 보존하려는 데 있다면, 공포는 불안에 보다 가까워진다. 이런 점에서 공포는 세계에 사로잡힌 비본래적인 불안이다. 공포의 대상이란 대개 불안이 특정 대상에

투사된 것이다. 그렇다면 불안은 무엇인가? 불안의 대상은 없다. 대상이 없기 때문에 설명하기 어렵고 사례를 들 수조차 없다. 꼭 꼬집어서 말할 수 있는 존재자는 불안의 대상이 아니다. 그렇다면 불안은 어디에서 흘러나오는가? 무엇 앞에서 우리는 불안해할까? 떠올려보자. 언제 어떻게 우리가 불안했는지를.

불안하다. 무겁고 어두운 감정이 불현듯 덮쳐온다. 어느 때인가 "그분이 오셨다"는 표현이 유행한 적이 있다. 그분이 오시는 것처럼 불안은 예기치 않은 한순간에 갑자기 나를 덮친다. 단숨에 모든 것들이 무의미해지고 생기를 잃는다. 하지만 나를 위협하는 대상은 어디에도 없다. '그분'은 보이지 않는다. 그가 누구인지 아무도 모른다. '그분'이라는 막연한 지시대명사처럼 불안은 자신의 존재를 지시하지만 눈에 보이지 않는다. 분명 나를 위협하는 무엇인가가 있는데, 보이지 않는다. 보이지 않을수록 불안은 더욱 가중된다. 그래서 검질기게 달라붙는 불안은 떨쳐내기 어렵다. "그것은 이미 '거기에' 와 있다. 그런데도 또한 아무데도 없다. 그것은 사람의 숨을 조이며 압박할 지경으로 가까이 있으나 그럼에도 아무데도 없다."(GA2, 255) 분명 가까이 와 있지만, 어디에도 없는 불안은 끊임없이 꼬리에 꼬리를 물고 불안을 가중시킨다. 분명한 것은 불안이 점점 현존재를 잠식한다는 것뿐이다.

하이데거는 불안의 대상이 있다면, 그것은 현존재 자신이라고 말한다. 나의 의지와는 상관없이 이 세상에 던져졌다가, 다시 알 수 없는 어디론가 떠날 수밖에 없는 인간의 운명이 불안의 근원지다. 떨쳐버릴 수 없는 인간 본연의 유한하고 유약한 모습이 (굳이 말하자면) 불안의 대상이다. 우리는 어디에서 와서 어디로 가는지를 알 수 없다. 우리 존재의 유래를 모르기도 하지만, 앞으로 어떻게 될지도 모른다. 이유 없이 던져진 우리에게 미래 역시 죽음의 유예상태에 지나지 않는다. 그것이 인간의 본모습이다. 대개 우리는 이런 '인간의 조건'을 감추고자 한다. 그래서 불안을 감추고 일상성에 빠져든다. 그러나 거기에 빠져들수록 참된 나로부터 점점 더 멀어져만 간다. 이때 친숙하고 편안한 일상의 보호막을 찢고 등장하는 것이 불안이다. 불안은 자기에 대한 각성이 불러오는 거대한 존재론적 동요이다. 이런 불안은 본래 자신의 모습이지만 자기에게 낯선 모습으로 등장한다. 그래서 '기묘한 낯섦das Unheimliche'이 불안과 동반된다. 이처럼 하이데거에게 불안은 부정적이고 불쾌한 것만이 아니라, 오히려 본래의 자신을 직시할 수 있는 감정 상태로서 긍정된다.

공포와 불안을 구분하지 않는 일상 어법의 불안 개념을 가지고 다른 방식으로 논의를 정리해보자. 예를 들어, 우리나라 십대 젊은이들은 대학입시 때문에 불안에 떤다. 사실 그들의 불안은 부모와 사회구성원 전체의 불안에서 전염된 것이다. 물론 유사한 동종의 것들만이 전염될 수 있는 법이다. 그렇지만 철없는 아이들이 미래의 불안에 찌들어 있는 것을 상상하기에는 무리가 있다. 입시생을 둔 부모의 불안심리를 이용하여 각종 사교육은 불황을 모른다. 학벌로 인해 사회적 성공이 결정되는 것을 뼈아프게 경험해온 부모는 입시를 통해 자식의 운명이 어떻게 결정될지 몰라 불안해한다. 우리에게 입시는 '지옥'이고 '전쟁'이다. 그러나 반드시 명문대에 가야만 한다는 생각을 버리면,

다른 많은 가능성들이 보이기 시작한다.

명문대가 자식의 행복을 보장해주지는 않는다. 부모도 어느 정도 그것을 알고 있다. 자식도 언젠가 죽게 될 것이고, 다양한 인생의 굴곡을 경험하게 될 것이다. 하이데거식으로 생각한다면, 명문대의 당락은 정확히는 공포의 대상이다. 하지만 이 공포의 뿌리에는 불안이 자리잡고 있다. 불안은 작은 타격에도 산산조각날 수 있는 삶의 유약성에서 유래한다. 대부분의 사람들은 불안을 피하고 싶어한다. 피할 수 없는 불안을 회피하는 대표적인 방법이 공포의 대상을 만들어내는 것이다. 특정 대상을 제거하고 피하기만 하면 불안을 없앨 수 있을 것 같다고 생각하는 것이다. 부모는 자식을 명문대에 보내는 것으로 불안을 퇴치할 수 있다고 믿는다. 정확히 말해, 그렇게 믿고 싶어한다. 하지만 사실은 그렇지 않다. 그것은 불안을 회피하는 것에 불과하다. 차라리 불안을 정직하게 대면하는 것이 공포의 대상을 없앨 수 있다. 불안을 받아들이면, 무서울 것이 없다. 불안을 솔직하게 인정하라. 그러면 도리어 공포에서 자유로워질 것이다.

불안은 본래적인 자신과 대면할 수 있는 기회를 제공한다. 불안은 본래적인 자기의 감성적 목소리다. 불안은 먼저 모든 것을 무의미하게 만들지만, 모든 것들이 의미를 잃고 견고한 의미의 연결망들이 찢어지는 순간, 의미를 준 세계 자체가 부각된다. 불안은 "세계로서의 세계"를 밝힌다.(GA2, 256: 원문 강조) 불안을 통해 우리는 하나의 특정 세계 속에서 살아왔다는 사실을 재확인한다. 그것은 좁은 세계 속에 갇혀 있음을 알려줄 뿐만 아니라, 다른 세계가 가능함을 알려준다. 이런 점에서 하이데거의 불안은 심리적 불안이 아니라 존재론적 불안이다. 불안에 친숙해지면 더이상 두려울 것이 없다. 더구나 이전에는 보이지 않던 세계의 다른 모습, 다른 의미를 발견할 수 있다.

불안을 응시하는 자는 자기로 복귀한 자이다. 그는 번잡하고 두려운 외부 사물들로부터 시선을 거두고 자기 속으로 침잠한다. 불안 속에서 참된 자기를 만난다. 이처럼 불안 속에서 한 개인의 고유성과 개별성이 도드라진다. 그런데 역설적이게도 고유성, 개별성의 극대화가 존재의 세계를 보다 잘 드러낸다. 다시 말해서 본래의 자기로 돌아가는 길이 세계의 진상을 밝히는 길이다. 개별성이 극대화된다는 것은 결국 탄생과 죽음이라는 무의 심연 '사이'에서 다른 것들에 종속되거나 동화되지 않고 최대한 차이를 산출하면서 살아가는 것을 뜻한다. 극도의 차이, 그 차이의 극대화는 자유를 바탕으로 한다. 자유로울 때에만, 개별성을 극대화시킬 수 있기 때문이다. 이런 점에서 하이데거의 불안은 철저히 개인의 불안이고 자유롭기에 찾아오는 '자유의 불안'이다. 불안은 나약한 병자들의 증후가 아니라, 도리어 자유인의 증표다.

유한성

하이데거 철학은 유한성의 철학이다. 유한성의 철학이란 인간의 유한성을 깊이 자각하고 그것을 철두철미 사유 속에 관철시키는 철학을 말한다. 전통 철학이 인간 존재의 완전성(신적 완전성)을 지향하거나 기독교적 교리에 따라 전지전능한 신을 철학에 끌어들이는 것과는 대조적으로, 하이데거 철학은 인간 실존에 천착한다. 이 말은 곧 인간을 이상화하거나 관념화하지 않을 것, 인간의 실제 모습을 가감 없이 드러낼 것을 철학의 기초로 삼는다는 뜻이다. 여기에 하이데거 철학의 현대성이 놓여 있다. 현대인들은 이념으로 축조된 인간상을 바탕으로 철학하지 않는다. 그들은 더이상 신에 기대어 그로부터 세계를 연역하려 하지 않는다. 오직 그들은 인간 유한성에 천착해 존재하는 모든 현상들을 해석하려 할 뿐이다.

그렇다고 무한성을 무작정 거부하는 것은 아니다. 하이데거는 유한성을 바탕으로 무한성의 흔적을 드러내려 한다. 이것은 '특정 무한성'(이 말 자체가 모순형용이다)에서 연역될 수 있는 유한성이 아니라, 유한한 것들의 한계와 그 바깥 그리고 경계의 유동성을 보임으로써 자연스레 무한을 드러내려는 전략이다. 무한은 유한에 포섭될 수 없다. 더구나 무한자는 유한자의 유비적 접근을 통해서는 파악될 수 없다. 오직 유한자의 유한성을 폭로함으로써만, 즉 유한자의 경계를 분명히 밝히고 유한자의 경계를 '무한히' 새롭게 이전시킬 수 있을 때에만, 무한자는 자신의 모습을 드러낸다. 그것도 유한자에게는 어떤 형체로서가 아니라, '자취'로 '그림자'로 '유령'처럼 등장한다. 하이데거의 영향권 안에 있는 현대철학은 과거 유한자-무한자의 도식을 개별자-보편자의 도식으로 해결하려 했던 입장에서 탈피한다. 전체를 통분通分한다는 보편자도 무한자를 재현할 수 없다. 그것은 무한자를 참칭하는 유한자일 뿐이다. 오직 보편자라는 허상이 무너져버린 폐허 속에서만 무한자는 자신의 을씨년스러운 모습을 드러낸다.

'세계-내-존재In-der-Welt-sein'. 하이데거는 인간 현존재 분석을 이 용어에서 시작한다. 인간은 존재를 밝히는 현존재이자, 세계-내-존재이다. 하이데거가 의도하든 그렇지 않든 간에, 일단 이 말은 유한성의 철학, 지상의 철학을 표방한 말로 이해된다. 인간은 세계 속에서 거주할 수밖에 없는 존재자이다. 여기서 세계라는 말은 지상을 뜻한다. 플라톤식의 이데아 세계가 아니고, 기독교식의 천국의 세계가 아니다. 인간이 그런 세계의 거주민인지 아닌지는 철학자가 말할 수 없다. 철학자는 오직 실존하는 인간의 조건만을 말할 수 있을 뿐이다. 인간은 피안이 아닌 이 세계, 탄생과 죽음 사이의 세계만을 말할 수 있다. '지금 여기'의 삶, 그것의 바깥은 인간의 이해 범위를 넘어선 주제이다. 살아 있는 동안 인간이 쿠라의 자식이듯이, 인간은 이 지상의 세계에 속한 존재이다. '세계-내-존재'라는 언명의 일차적 의미는 태어나고 웃고 울다가 이내 죽는 차안의 존재를 뜻한다.

이렇게만 말하면, 하이데거의 세계-내-존재는 속세에 사는 인간으로 간단히 이해될 수 있다. 종교적 해석의 위험에 노출되어 있기는 하지만, 나는 이 해석이 중요하다고 생각한다. 하이데거가 세계-내-존재를 말하고 난 다음 분석하는 도구세계나 이후 일상세계가 모두 세속을 뜻한다는 것은 부정할 수 없다. 하이데거가 경계하는 것은 세속이라는 말 속에 들어 있는 뿌리깊은 선입관이다. 종교적 색깔이 강한 그 선입관을 통해서 자신이 말하려는 현상이 왜곡될 수 있기 때문에, 하이데거는 세계를 세속으로 번역하는 것에 반대할 것이다. 하지만 우리가 하이데거의 우려를 이해하면서 무차별하게 전통적 선입관으로 하이데거의 세계개념을 간단히 재단하지만 않는다면, 이렇게 규정하는 것도 부당하지는 않을 것이다. 재차 강조하자면, 하이데거의 세계는 유한한 세계이고 지상의 세계이며, 차안의 생활세계이다.

세계는 지상의 세계이다. 그것은 이미 근대인들이 이루어낸 성과이다. 중세 천 년을 거치면서, 이미 천상의 세계는 지상에서 멀어졌다. 데카르트가 '생각하는 나'를 언명하면서 세계는 천상에서 지상으로 추락했다. 세계는 탈마법화되고 세속화되었다. 그렇다면 세계가 지상의 세계라는 말은 이미 새로운 말이 아니다. 진부한 말이 될 수도 있다. 그러나 하이데거가 이 용어를 통해 비판하려는 과녁은 종교적 세계에만 한정되지 않는다. 그의 주요 타격 대상은 데카르트 이후의 근대철학이며 세속화된 존재이해의 주된 경향이다.

근대인들은 세계를 특정 존재이해 속에서 규정했다. 하이데거 용어에 따르면, "눈앞의 존재^{Vorhandensein}"가 그것이다. 그저 객관적으로 존재하기만 하는 것들, 눈앞의 존재는 어떤 세계와의 연관도 없는 듯 자기 존재의 객관성을 강변한다. 근대철학은 근대과학의 성과에 힘입어 이런 존재방식의 절대화를 추구한다. 존재하는 것은 신화나 종교와 같은 특정 세계에 의해 해석되지 않은 '발가벗은' 존재방식, 즉 과학자의 관찰대상으로 파악되는 '객관적인' 눈앞의 존재로서 이해된다. 여기서는 종교적으로 해석된 존재이해 방식의 절대성이 과학으로 해석된 존재이해 방식의 절대성으로 이행했을 뿐, 존재이해 방식에 대한 진지한 고려와 탐구가 없다. 하나의 존재신화가 다른 존재신화로 이행했을 뿐이다.

일단 하이데거는 근대적 존재이해의 절대성을 상대화·역사화시킨다. 그러고서 그는 그런 존재이해가 어떻게 우리 삶에서 파생되었는지를 보여준다. 이 점에서 하이데거는 삶의 세계, 생활세계로 돌아간다. 지상의 삶으로 돌아간다. 절대적 진리로 공언되는 과학적 인식을 다시 지상의 삶으로 호출하여 그것의 허구성과 편파성을 폭로한다. 이런 삶으로의 귀향을 한 마디로 표현한 말이 바로 '세계-내-존재'이다. 과학적 지식의 절대성을 지상의 세계로 다시 끌어내려 그것의 관념성을 폭로하고자 하는 이런 전략을 통해서, 하이데거 철학은 다시 유한성의 철학임을 천명한다.

세계 속에 있다는 것의 의미

인간은 과연 어떤 존재일까? 이것은 인간이 자기 자신에 대해 묻는 물음이다. 이 물음, 곧 자기 존재를 묻는 이 물음은 가장 오래된 철학적 물음 가운데 하나일 것이다. 도대체 나는 누구인가? 이렇게 묻고 있는 나는? 묻는 대상이 끊임없이 묻는 주체를 향하고 있다. 이 물음 앞에서 우리는 아찔한 현기증을 느낀다. 거울을 겹쳐놓아 무수히 생겨나는 잔상들의 블랙홀에 빠지는 느낌이다. 주체와 객체가 오락가락하는 기이한 현상. 그래서 이 물음에 대한 속 시원한 답을 내리기는 어렵다. 하이데거는 인간을 '세계-내-존재'라 답한다. 처음부터 인간은 이미 세계-내-존재이다. 인간은 고립된 자립적 실체로 이해되기 이전에 특정 세계에 이미 던져진 존재다. 나의 몸과 영혼 모두 이 세계에 연루되어 있다.

세계를 언어와 관련지어 생각해보기로 하자. 언어에 잠식되는 순간부터, 우리는 특정 언어·문화·질서에 구속된다. 이른바 '언어적 전회' 이후의 현대철학적 발상에 따르면, 사유는 언어라는 바탕 위에서 전개된다. 마치 컴퓨터를 사용하기 위해서는 먼저 포맷을 해야 하는 것처럼, 사유를 가동시키기 위해서는 언어를 미리 깔아두지 않으면 안 된다. 그런데 언어라는 것은 이미 특정한 세계를 담고 있다. 한국어에는 한국인의 세계가, 중국어에는 중국인의 세계가 담겨 있으며, 더욱이 같은 언어라도 지방에 따라 달라지는 방언에도 각 지방 사람들의 세계가 담겨 있다. 그리고 우리는 언어에 담긴 세계 속에서 사유를 진행할 수밖에 없다. 예컨대 한국어를 배우려는 유럽인은 한국어로 말하면서 경어법을 '생각'하지 않을 수 없다.

또한 우리는 세계 없이 사물들을 만날 수 없다. 예를 들어 특정한 사용맥락(도구적 세계) 속에서만 도구를 만난다. 사용자와 컴퓨터가 없는 프린터는 결코 도구일 수 없다. 사람들과의 만남도 마찬가지다. 부모에게 절대적으로 의존하는 유아기를 거칠 수밖에 없는 인간은 원천적으로 유아독존할 수 없다. 인간의 탄생이란 특정 부모와 친척, 친구와 동료, 그들을 둘러싼 더 큰 공동체의 그물망 속에 던져지는 것을 뜻한다. 특정 사물과 사람을 만나기 위해서는 먼저 특정한 세계 속에 던져져야만 한다. 이런 이유로 하이데거는 인간 존재를 세계-내-존재라고 규정한다.

이미 언급했듯이, 하이데거는 인간의 본질을 Sorge라고 규정한다. '염려', '마음씀'이라고도 번역되는 이 말을 알기 쉽게 '마음'이라고 옮겨보자. 사실 '마음'이라고 번역해도 저절로 쉬워지는 것은 아니다. 왜냐하면 마음이란 것은 손바닥에 담은 물처럼 잡았다 싶다가도 이내 손가락 사이로 빠져나가는 개념이기 때문이다. 단지 우리가 자주 사용하는 말이기 때문에 쉽다고 느껴질 뿐이다. 정확히 알지는 못하지만, 그 번역어를 가지고 인간에 대해 생각해보기로 하자. 하이데거에 따르면, 인간의 본질은 마음이고 세계-내-존재이다. 인간의 마음은 처음부터 세계-내-존재, 즉 이미 세계에 던져져 있고 세계를 향해 있다.

마음은 이미 그 시작부터 세계에 나가 있다. 마음은 고정된 실체로 잡을 수 있는 것이 아니라, 유동적인 물처럼 부단히 움직이는 것이다. 마음은 이미 밖으로 나가 있다. 세계에 던져진 순간부터 마음은 세계에 빠져, 호기심어린 눈으로 넋을 잃고 바라보고 있다. 어떤 사물에, 일에, 사람에 넋을 잃고 사는 모습이 인간 본연의 모습이다. 그래서 홀로 있더라도 인간은 어쩔 수 없이 세계와 함께 있는 것이다. 원래부터 인간은 세계-내-존재이기 때문이다.

세계 '안'에 던져진 마음은 필연적으로 마음 '바깥'으로 외출한다. 즉 세계 안에 던져진 존재는 자기에게만 머물지 않고 자기의 바깥을 향해 나간다. 여기서 자기 바깥으로 나간다는 말은 자기를 바깥 세계로 채운다는 말에 다름 아니다. 마음을 쓴다는

것은 마음 쓰는 대상으로 자기 존재를 채운다는 것과 다른 것이
아니기 때문이다. 그렇다면 바깥으로 나간 마음이 자기로 귀환
하는 것은 어떻게 말할 수 있을까? 자기회귀, 자기귀환, 자기반
성은 지금까지 자기 마음을 채우고 있던 것을 비워내는 작업이
다. 타자를 받아들일 수 있는 자유롭고 빈 마음을 갖는 것, 그것
이 바로 자기로 돌아오는 길이다. 이처럼 인간 존재는 타자를
넉넉히 받아들일 수 있는 자유로운 마음이다.

하이데거는 "자기 바깥"으로 향하는 "탈자脫自^{Ekstase}"의 모습
을 시간성에서 찾고 있다.(GA2, 436) 마음이 자기 바깥으로 외
출할 수 있는 것은, 다시 말해 타자를 자기 안에 받아들이고 보
존할 수 있는 까닭은 시간성의 구조로 이루어져 있기 때문이다.
그에 따르면, "현존재의 존재는 (세계 내부적으로 만나게 되는
존재자) 곁에-있음으로서 자기를-앞질러-이미-(세계)-안에-있
음을 말한다. 이러한 존재는 염려라는 명칭의 의미를 충족시키
고 있다."(GA2, 263) 여기에서 '곁에'는 현재, '앞질러'는 미래,
'이미'는 과거를 뜻한다. 이렇듯 마음은 존재를 수용하는 시공
간이다. 마음 자체가 시간성의 구조로 짜여 있다. 고정된 실체
나 사물이 아닌 인간은 생성하는 존재이며, 시간을 의식하고 실
천하는 존재이고, 결국 시간적 존재이다. 인간은 그 무엇이 아
니다. 그 무엇이라는 실체적 사유를 거부하는 것이 바로 묻는
자 자신이기도 한 인간이다. 인간의 무엇임을 그나마 추론할 수
있기 위해서는 인간의 역사를 봐야 한다. 변해온 과정 속에서
대강의 인간 모습을 그려볼 수 있다. 하지만 도래하는 미래가
남아 있기 때문에(사실 과거도 남김없이 알 수 있다고 말할 수

없다) 인간의 무엇임은 언제나 연기, 지연될 수밖에 없다.

나를 사례로 들어보자. 나는 누굴까? 내가 누구인지를 알기 위해서는 오래된 사진첩을 뒤적이듯이 '과거'의 나를 살펴봐야 한다. 어떤 세계에 던져졌으며 그동안 누구로 살아왔던가를 확인해봐야 한다. 그리고 '현재' 내가 마음 쓰고 있는 것이 무엇인가를 살펴봐야 한다. 어떤 사람을 좋아하고 있으며, 어떤 일에 심신을 혹사시키고 있는지, 무엇을 좋아하고 싫어하는지를 확인해야 한다. 마지막으로, 나의 '미래'를 봐야 한다. 단순한 기대나 꿈이 아니라 내일 당장 죽더라도 포기할 수 없는 자기의 미래 모습을 봐야 한다. 여기까지 보았을 때, 흐릿하기는 하지만 내가 누군지에 대한 답을 제출할 수 있다. 나는 가능존재이다. 즉 나는 무엇이라기보다는, 누구'일 수 있는' 존재이다. 그래서 내가 누구라고 섣불리 말할 수 없다. 가능성을 지워내면 결국 나는 사라지기 때문이다.

지금까지의 이야기를 정리해보자. 인간은 존재를 드러내는 현존재이다. 그 현존재는 일단 세계-내-존재로 규정된다. 세계 속에 던져지고 세계를 이해하며 세계를 형성하는 존재가 인간이다. 인간은 과거와 미래 그리고 현재에 마음을 쓰며 살고 있다. 아니 인간은 곧 마음이고 마음의 근본 구조는 시간적이다. 시간적 구조 자체가 '탈자'의 모습이어서, 마음은 자아라고 할 만한 고정된 핵이 없다. 인간은 자아에서 떠나 외출한 상태에 있다. 대개의 마음 상태는 '외출중'이다. 일상의 우리는 대개 타자에게 마음을 쓰며 살고 있다. 이렇게 마음을 쏟아부을 수 있는 까닭은 마음이 어떤 실체적으로 고정된 것이 아니라, 시간적 유동성을 가지고 있으면서 비어 있는 자유와 같은 것이기 때문이다. 그런 마음은 바깥으로 나가 있다. 그런데 그것은 동시에 타자를 안으로 충만히 채운다는 것을 뜻한다. 아니 처음부터 세계-내-존재라는 점에서 이미 채워진 채 존재한다고도 말할 수 있다. 우리의 생각과 감정은 타자존재로 가득 들어차 있다. 현존재가 존재를 드러내는 장소인 까닭을 이렇게 말할 수 있다. 그렇게 가득 자신을 채우지만, 채워진 것들이 자기 자신은 아니다. 하이데거는 불안과 죽음, 양심 등을 통해 자신에게로 되돌아감을 말하고 있는데, 그것은 다르게 말하면 자기 마음을 채우고 있던 모든 타자적인 것들을 비워내는 것이다. 결국 존재를 온전히 드러낼 수 있는 자유롭고 허한 마음이 인간의 본질이다.

도구

다람쥐 쳇바퀴 돌 듯, 하루하루 반복되는 삶을 우리는 일상이라 부른다. 구체적이고 안정감 있고 가까이에 있는 삶이 일상이지만, 동시에 타성적이고 권태롭고 힘겨운 것이 우리네 일상사이기도 하다. 하이데거의 세계-내-존재 분석은 바로 여기, 일상의 분석에서 시작한다. 그래서 세계 안에 존재한다는 말의 초보적인 의미는 우리가 어찌되었든 일상에 파묻혀 살 수밖에 없다는 것을 뜻한다. 대오각성을 위해 일상을 벗어나려는 구도자도 있고 일상의 권태를 모면하기 위해 짜릿한 모험을 즐기는 사람도 있지만, 결국 인간은 다시 일상으로 돌아온다. 일상은 인간의 굴레이다. 하이데거 철학의 현대성은 이 '일상의 발견'에 있다. 서양에서 일상의 세계를 철학적으로 사유하기 시작한 것은 하이데거가 처음이었다.

일상에서 우리가 쉽게 만나는 세계는 '주위세계^{Umwelt}'이다. 우리 주변에서 가까이 만나는 주위세계가 일단 하이데거의 관심사이다. 등잔 밑이 어둡다는 속담처럼, 가까이 있는 것은 그것이 가깝기 때문에 인식되기 어렵다. 일상의 주위세계에 빠져 살아가는 우리는 그 세계가 어떤 세계인지 생각해본 적이 별로 없다. 일상인이 하지 않는(못 하는) 일, 즉 우리가 빠져 있는 일상의 세계를 사유하는 자가 철학자이다. 우리 가까이에 있는 일상의 세계는 주변 사물들과의 관계 속에서 드러나는 '도구적 세계'를 한 부분으로 두고 있다.

일상의 주위세계에서 만나는 것은 사물과 사람이다. 우리는 그 둘을 다르게 만난다. 즉 다른 관계 방식 속에서 만난다. 하이데거의 용어로 말하자면, 인간 현존재 자체가 '염려'인데, 주위세계의 사물들을 염려하며 만나는 방식은 '고려^{Besorgen}'이고 주위 사람에 대한 염려를 '배려^{Fürsorge}'라고 부른다. 우리는 주변의 것들을 인식의 대상으로 만나기 이전에, 어떤 도구로서 만난다. 그것은 어원을 살펴봐도 확인 가능하다. 사물은 라틴어로 레스^{res}이다. 이 말에서 '실재성^{Realität}'이라는 말이 나왔다. 원래는 '관계하는 일^{Angehende}'이란 뜻이다. 그리스어로 사물은 프라그마타이며, 그것은 "사람들이 고려하는 왕래(프락시스)에서 그것과 상관이 있는 것"(GA2, 100)을 뜻한다. 사물은 원래 눈앞에 순전히 있기만 한 대상이 아니라, 우리가 관계 맺으면서 고려하고 있는

도구를 뜻한다. 하이데거는 사물의 두 가지 존재방식을 구분한
다. 우리 앞에 단지 놓여 있는 존재인 '눈앞의 존재'와 삶의 사
용맥락 속에서 등장하는 '손안의 존재^{Zuhandensein}'가 그것이다.

하이데거가 도구분석을 시작하는 결정적인 한마디는 이러하
다. "엄밀히 말해서 하나의 도구는 없다."(GA2, 100: 원문 강
조) 하나뿐인 도구는 그 자체로 도구가 될 수 없다. 전체 관계
망(사용맥락) 속에서 어떤 것은 하나의 도구가 된다. 도구가 본
질적으로 무엇을 하기 위한 어떤 것일진대, 도구는 최소한 그
'무엇'과의 관계 속에서만 도구가 될 수 있다.

일상적 경험을 사례로 삼아, 이것을 설명해보기로 하자. 오늘
밤 나는 발표 준비를 해야 한다. 발표 준비를 하기 위해 서둘러
내 방으로 향하고 있다. 집으로 가는 길에 우연히 몇몇 친구를
만나고 그들은 간단히 술 한잔하자고 권한다. 하지만 내일 발표
준비를 충분히 하지 못한 관계로 일찍 집에 가야 한다고 사정을
말하며, 그들의 제안을 정중히 거절한다. 드디어 집에 도착해서
내 방으로 들어간다. 여러 유혹을 뿌리치고 겨우 이 장소에 도
달했다. 이제 컴퓨터 전원을 켠다. 책상 위에는 논문을 쓰는 데
필요한 책들을 수북이 쌓아둔다. 그리고 연필로 필요한 부분을
체크하고 포스트잇으로 인용할 부분에 표시한다. 작업의 집중
도를 높이기 위해 전체 조명을 끄고 작은 스탠드 등불을 켠다.
미리 프린터도 켜둔다. 책을 읽다가 정리가 잘 안 되어서 백지
에 몇 글자 끄적여본다. 눈이 피로하고 잠은 오는데 발표 준비
는 아직 한참 남았다. 잠시 주방으로 가서 진한 커피 한 잔을 끓
여온다.

연필은 하나의 도구이다. 그러나 그것이 도구가 되기 위해서는 종이가 있어야 하고, 밤의 어둠을 밝히는 전등이 있어야 하며, 책상이 있어야 한다. 만일 대개의 현대인들처럼 컴퓨터로만 작업한다면, 연필은 무용지물이 되고 말 것이다. 그렇다면 연필은 발표 준비를 위한 도구는 되지 못할 것이다. 내게 연필은 컴퓨터로 원고를 쓰기 전에, 메모를 하거나 백지 위에 글의 윤곽을 만들어보는 수단이다. 이처럼 연필이 하나의 도구 역할을 하기 위해서는 다른 도구들이 있어야 하고, 당연한 말이지만, 사용하고자 하는 목적에 적합해야 한다. "하나의 도구는 없다"라는 말은 도구가 전체 도구들의 연관 속에서만 하나의 도구 역할을 할 수 있다는 의미다. "이러한 개별 도구에 앞서 이미 그때마다 하나의 도구전체성이 발견되어 있다."(GA2, 101: 원문 강조) 그래서 나는 발표 준비를 하기 위해서 모든 도구들이 긴밀하게 갖춰져 있는 최적의 작업장소인 내 방으로 갔던 것이다. 필요한 도구들이 모두 있는 곳에서 개별 도구들이 도구로서 제 역할을 할 수 있기 때문이다.

그런데 집에 A4 용지가 없음을 발견한다. 작업의 전체 진행 과정을 둘러보다가 도구 하나가 결핍되어 있음을 발견한 것이다. 우선 이면지를 사용하기로 결정하고, 다시 도구들을 바라본다. 프린터의 잉크가 얼마 남지 않았다. 대충 발표문안 한 부 정도는 인쇄할 수 있을 것 같다. 이것도 둘러보는 방식으로 도구를 보는 것이다. 이 모든 둘러봄은 거의 즉각적으로 일어난다. 전반성적·비주제적 방식으로 일어난다. 대충 모든 작업도구들이 구비되어 있는 것을 확인하고 난 다음에야 겨우 발표 준비에만 몰두할 수 있게 된다.

  벌써 동이 터오고 있다. 거의 발표 준비를 끝마쳤다. 컴퓨터
한글문서로 발표문안을 만들고 교정을 보고 글의 편집디자인까
지 끝냈다. 그런데 갑자기 컴퓨터가 다운된다. 파일을 저장하지
도 않았는데, 컴퓨터가 반응을 하지 않는다. 어찌된 일일까? 지
금껏 작업은 순조로웠고 모든 도구들이 척척 일을 거들었다. 오
랜 경험이 녹아 있는 숙련된 솜씨였다. 그런데 이게 어찌된 일
인가? 지금까지 이런 일은 없었다. 컴퓨터는 항상 내 말에 고분
고분 순종하며 한 번도 나를 거스른 적이 없었다. 이제 나의 모
든 관심이 컴퓨터에 집중된다. 내내 컴퓨터를 사용했지만, 머리
는 온통 발표문 작성에 쏠려 있었다. 작업중에 도구가 눈에 들
어와서는 곤란하다. 그런데 이제는 오직 컴퓨터만 눈에 들어온
다. 컴퓨터가 다시 제대로 작동하기를 간절히 바란다. 그러나
컴퓨터는 완고하게 먹통으로 남아 있다. 그것은 나에게 맞서 버
티고 있다.

  하이데거는 이처럼 도구가 제 기능을 하지 못할 때, 도구의
"눈에 띔", "강요", "버팀"(GA2, 106-108 참조) 현상이 일어난
다고 말하고 있다. 그리고 이런 현상들이 "손안의 것에서 눈앞
의 있음의 성격을 전면에 부각시키는 기능"을 가진다고 본
다.(GA2, 108) 다시 말해서 도구적 연관에서 벗어날 때, 비로
소 눈앞의 존재 성격이 발현한다는 것이다. 이런 맥락에서 하이
데거는 눈앞의 존재가 손안의 존재의 파생적 존재방식임을 간
접적으로 암시하고 있다. 도구가 손상되거나 사용 불가능해질
때 눈에 띄고 강요하고 버티며 반항하는 것이라면, 그러기 전까

지 도구는 눈에 띄지 않고 강요하지 않으며, 버티지 않는 것이라 말할 수 있을 것이다. .

이런 세계-내-존재에게는 자연조차 도구로서 드러난다. 어찌보면 이것은 후기 하이데거가 거리를 두고 있는 견해이다. 하지만 세계의 빛을 통해, 세계와의 관계 속에서만 자연이 현상한다는 점만큼은 그의 견해에 변함이 없다. 자연을 드러내는 것이 도구에서 예술작품으로 바뀌고, 사물(도구를 포함해서)을 한갓 실용적 도구가 아니라 예술작품의 수준에서 이해함으로써 기본 입장에 변화가 있기는 하지만 말이다. 어찌되었든 『존재와 시간』에서 자연은 주위세계, 도구세계를 통해 현상한다. 눈앞의 존재, 과학적 탐구의 대상이 되기 이전에 자연은 먼저 도구를 통해 자신을 드러낸다. "숲은 삼림이고, 산은 채석장이며, 강은 수력이고, 바람은 '돛을 펼쳐주는' 바람인 것이다. 발견된 '주위세계'와 함께 그렇게 발견된 '자연'도 만나게 된다."(GA2, 103)

어쩌면 도구세계는 돌도끼를 사용하던 호모 에렉투스의 시절부터 자연―존재의 첫번째 이름이었다던 퓌시스^{Physis}로서의 자연―과의 관계 속에서 만들어낸 세계일 것이다. 그리고 그 세계는 역사적으로 전승되며 문명세계의 근간을 이룬다. 우리는 이런 세계 속에 던져진 존재이다. 전승의 관점에서 볼 때, 우리는 과거의 세계를 전수받아 다음 세대에 전해주는 매체이다. 그런 점에서 우리 자신이 일종의 운반 도구인 셈이다. 물론 상식적으로 알고 있는 단순한 도구는 아니며, 세계 내용의 변화 없이 넘겨받은 것을 그대로 다음 세대로 넘겨주는 전달매체도 아니다. 인간은 주어진 세계에 던져진 존재이자 세계를 새롭게 형성하는 존재이다. 이렇게 말할 때에도 인간의 자의적인 힘만으로 세계를 만들 수 있다고 오해해서는 안 된다. 세계는 인간과 자연의 부단한 상호관계 속에서 예측불허의 방식으로 형성되는 것이다. 그렇다면 인간도 일종의 도구이다. '존재의 도구'이다. 후기 하이데거는 『존재와 시간』의 도구 개념을 버리는 듯 보이지만, 끝내 버리지 않는 것은 존재의 도구인 인간의 모습이다.

일상의 우리, 다스 만

"현존재는 우선 대개 그의 세계에 사로잡혀 있다."(GA2, 159) 여기서 "우선 대개"라는 말은 하루하루의 일상적 삶을 가리킨다. 우리는 인생의 대부분을 이런 삶으로 채운다. 일생의 대부분을 그가 던져진 그 세계에 사로잡혀 살아간다. 주위의 사물들과 사람들에 마음을 빼앗기며 산다. 우리는 그것들의 존재방식을 꼼꼼히 묻지 않는다. 왜냐하면 그것들 각각의 의미는 이미 세계를 통해 주어져 있기 때문이다. 그 의미들을 크게 의심하지 않는다. 다시 말해서 의미개방의 세계를 신뢰하며 살고 있는 것이다.

일상적으로 우리가 세계에 사로잡혀 있다지만, 처음부터 세계에 사로잡혀 있다고 말할 수 있을까? 처음 태어난 아기의 난감한 울음을 떠올려보라. 처음 던져진 세계는 낯설고 무섭다. 아마 힘없는 아이가 그곳에 적응하기란 무척 힘들 것이다. 하지만 시간이 지나고 그 세계에 길들여지고 익숙해지면서 아이는 점점 깊숙이 그 세계에 빠져든다. 이렇듯 일상은 시간적 리듬이 만든 삶의 궤적이다. 시간적 리듬이 삶에 궤적을 남기고 이 궤적을 따라서만 사건들이 이어질 때, 비로소 일상의 세계가 구축된다. 일상세계는 더이상 낯설지 않은 친숙한 세계이며, 이미 공인되고 검증된, 나름대로는 최적의 세계인 셈이다.

호기심 가득한 아이에게 일상이 있을까? 하이데거의 일상성 분석은 어느 정도 나이를 먹은 사람들, 즉 성인에 가까운 사람들의 세계에 한정된다. 그렇다면 아이들은 어떨까? 많이 익숙해졌지만, 여전히 익숙해져야 할 것들이 많은 아이들에게 일상세계를 말하기는 곤란하다. 왜냐하면 아이들에게 매 순간은 새롭기 때문이다. 아이들의 눈망울에서 모든 것은 의미의 빛들로 반짝인다. 물론 어른들의 무관심과 반복되는 시간의 리듬을 경험하면서, 아이들의 세계도 곧 일상화될 테지만 말이다. 그렇다면 이제 더 어린 나이, 즉 말 못하는 젖먹이를 생각해보자. 그가 어떤 세계에서 살고 있는지, 그 속에서 어떤 생각과 느낌을 가지고 있는지, 그것을 정확히 알 수 있는 방법은 없다. 스펀지가 물을 흡수하듯이, 어린아이는 너무도 유연하게 외부의 자극과 충격을 잘 받아들인다. 그런데도 우리의 기억 속에 남아 있는 것은 거의 없다. 그 시절의 대부분을 망각하고 있다. 왜 망각한 것일까? 아마도 언어가 뿌리내리지 못했기 때문일 것이다. 언어는 기억의 지지대다. 이런 점에서 일정한 패턴으로 반복되는 일상이 가능하기 위해서는 언어가 전제되어야 한다. 이런 점에서 일상은 삶이 언어를 통해 가지런해진 모습을 뜻한다.

'세계-내-존재'는 '언어-내-존재'이다. 인간이 세계에 던져진다는 것은, 다른 무엇보다도 특정 언어에 던져진다는 것을 뜻한다. 아쉽게도 하이데거는 언어 이전의 삶(유아기)에 대해 침묵한다. 그가 보기에, 언어는 죽음과 함께 인간을 규정하는 결정적인 요소이다.(2장에서 인간을 규정하는 언어와 죽음에 관해 다룰 것이다.) 하이데거는 언어를 폭넓게 이해하고 있다. 예컨대 몸짓과 정조 또는 침묵조차 언어에 포함된다. 그러나 느낌이나 침묵까지 언어에 포함시킨다 하더라도, 그런 것들이 하나의 언어가 되기 위해서는 우리가 상식적으로 알고 있는 언어를 사용하고 있어야 한다. 다시 말해 침묵이 침묵일 수 있으려면, '언어'의 중단이어야 한다. 즉 말할 수 있는 자만이 침묵할 수 있다.

처음부터 인간 현존재는 홀로 주체가 아니다. 하이데거는 이 점을 여러 곳에서 강렬하게 표현한다. 예를 들어 그는 다음과 같이 말한다. "이렇게 함께하는 세계-내-존재에 근거해서 세계는 그때마다 각기 이미 언제나, 내가 타인과 함께 나누는 그런 세계인 것이다. 현존재의 세계는 공동세계이다. 안에-있음은 타인과 더불어 있음이다. 타인의 세계 내부적인 자체존재는 공동현존재이다."(GA2, 166: 원문 강조) 인간은 홀로 존재하지 않는다. 아리스토텔레스에 따르면, 인간은 사회적 동물이다. 홀로 있을 때, 인간은 인간이 아니라 신이거나 짐승이 된다. 인간은 공동의 세계에 던져진 셈이고, 언제나 인간은 타인과 더불어 살아갈 수밖에 없다. 더 나아가 현존재의 세계는 언제나 '언어적' 공동세계이며, 이 속에서 타인의 흔적은 결코 지울 수가 없다.

하이데거는 타인을 다음과 같이 규정한다. "'타인'은 나를 제

외한, 내가 그와는 구별되는, 여타의 사람들 전체를 말하는 것이 아니다. 오히려 타인은 사람들이 대개는 그와 자기 자신을 구별하지 않고 그 속에 같이 속해 있는 그런 사람들이다."(GA2, 166) 여기서 타인은 생각하는 내가 먼저 있고 그다음에 설정되는 존재가 아니다. 다시 말해서 근대적 홀로 주체의 대립항으로 설정되는 타인이 아니다. 차라리 여기서의 타인은 나를 포함하고 있는 '우리'다. "대개는 그것과 자기 자신을 구별하지 않고 그 속에 같이 속해 있는 그런 사람들"이 '우리'가 아니면 누구이겠는가? 타인은 내가 아니면서도 나와 구분되지 않는 우리다. 나는 그런 우리 속에 던져진 존재이고 우리와 더불어 사는 존재이다. 하이데거의 '세계-내-존재'는 '우리-내-존재'In-Uns-sein'라는 의미를 내포하고 있다.

이와 연관하여 일상적인 타인, 즉 일상적인 우리의 모습이 하이데거가 말하는 '다스 만'das Man'이다. 기존 번역서를 살펴보면, 다스 만을 '그들', '세인' 등이라고 번역하는데, 이는 잘못된 번역은 아니지만 '우리'라는 뉘앙스가 빠진 번역어들이다. 이 번역어들에는 다스 만을 자기 자신과는 무관한 사람들로 설정하고 그들을 비난하는 것 같은 뉘앙스가 함축되어 있다. 그래서 나는 다스 만을 '우리'라고 번역하려 한다. 다스 만은 일상적인 우리, 그 '불특정 다수'를 가리키는 말이다. 그 속에는 당연히 나도 포함된다. 즉 그것은 거부하기 힘든 내 안의 타자이다.(그러나 대개 우리는 다스 만을 자기와 혼동한다.) 현존재는 처음부터 더불어 있음이다. 그렇기에 타인을 만날 수 있다. 타인을 만날 수 있는 가능근거가 이미 자기 안에 있는 더불어 있음Mitsein

이다. 그런 현존재가 매일매일 만나는 타자는 '우리'다.

그렇다면 타자가 아닌 자기는 누구인가? "당신은 누구십니까?"라는 질문에 옛사람들은 가문의 이름으로 대답했고 현대인들은 개인의 고유명으로 대답한다. 하지만 그 이름이 밝히는 나의 진실은 또 얼마나 될까? 그 때문인지 여전히 우리는 자신이 소속된 집단의 이름으로 그 질문에 답한다. 나라, 지역, 학교, 회사, 가족 등에 소속된 구성원으로서 자기를 이해한다. 이것은 소속 집단을 통해 자기를 밝히는 방법이다. 소속 집단을 나와 동일시하는 데에서 발생하는 문제에 대해서는 긴 말이 필요 없을 것이다. 그렇다면 도대체 나는 누구인가? 여기에 대한 하이데거의 답변은 명확하다. 나는 무엇이라고 말할 수 없다. 나는 고정된 실체가 아니다. 나는 그 무엇도 아니다. 분명 고정된 이 모습은 내가 아니다. 여기서 본래의 자기란 끊임없이 '아니다'라고 말할 수 있는 '가능성'이고 '자유'임이 밝혀진다.

일상에서 우리는 스스로를 망각한다. 일상적으로 자기가 누구인지 알고 있다고 생각하지만, 그 앎의 내용을 꼼꼼히 따져보면, 진정한 나, 본래적인 나와는 무관하다. 일상에서 우리는 나를 잃고 '비본래적인 나'로 살아간다. 그렇다면 과연 본래적인 나는 누구일까? 누구라고 말할 수 있을까? 만일 고정된 실체로서 본래적인 나를 말할 수 없다면, 그것은 신기루에 불과한 것일까? 꼬리에 꼬리를 무는 질문을 던지다 보면, 본래적인 자기도 일상의 자기도 희미해져버린다. 모든 자기가 사라져버린다. 하이데거가 보기에, 본래와 비본래를 분별해야 하지만 양자를 철저히 분리하여 생각해서는 안 된다. 이 지점에서 많은 사람들이 하이데거를 오해한다. 마치 하이데거가 일상적 자기를 버리기만 하면 본래의 자기를 찾을 수 있다고 말한 것처럼 해석한다. 하지만 본래 자기는 고정된 실체로 존재하는 것이 아니다. 실체적인 것만 존재한다고 말한다면, 본래의 자기란 없다. 무無일 뿐이다.

일상의 나도 나다. 끝없이 부정된다 하더라도, 결국 그것이 한때나마 나였음을 부정할 수는 없다. 본래적인 자기란 기존의 자기 모습을 부정할 수 있는 가능성(자유)이지만, 그런 가능성 자체도 자기 아닌 것(일상의 자기)에 의존한다고 말할 수 있다. 왜냐하면 부정을 통해서만 존립할 수 있는 것은 부정하는 대상에 의존할 수밖에 없기 때문이다. 하이데거는 이런 사정을 다음과 같이 말하고 있다. "본래적인 자기 자신의 존재는 '우리Man'에서 분리된, 주체의 예외적 상태에 기인하는 것이 아니라, 오히려 본질적인 실존 범주의 하나로서 '우리'의 실존적인 변양태existentielle Modifikation의 하나이다."(GA2, 181 : 인용자 강조) 일상적인 자기와 본래적인 자기는 철저히 다른 둘이 아니다. 본래적인 자기란 일상적 자기의 변용 가능성을 뜻할 뿐이지, 일상적 자기와 완전히 다른 어떤 것이 아니다.

죽음 앞에서의 결단

인간은 시간의 지배를 받는다. 이 말은 다양한 의미로 해석된다. 즉 인간은 시간 속에서 변화하다가 결국 소멸하는 존재라는 뜻이기도 하며, 누군가가 어떤 사람이냐는 것은 시간을 통해서만 밝혀진다는 뜻이기도 하다. 또한 인간은 자기의 과거에서 무한정 자유로울 수 없고, 순간적인 현재에 빠져 있으며, 미래의 기획에 구속될 수밖에 없다는 뜻도 된다. 이 가운데 특히 인간이 변해가는 존재라는 점이 두드러진다. 오늘의 나는 어제와는 다르고 내일은 또 달라질 수 있다. 나는 항상 변할 수 있는 "가능존재 Seinkönnen"다. 요컨대 인간은 그 '무엇'이라기보다는 무엇 '일 수 있는' 존재다. 이처럼 인간 실존은 언제나 가능성으로 충만하지만, 종국에는 죽음이라는 불가능성을 만날 수밖에 없다. 이것도 시간의 지배를 받는 인간의 일면이다. 죽음은 시간 지배의 가혹한 일면이다.

　인간은 언젠가 반드시 죽는다. 죽기 전까지 우리는 가능존재로 살아간다. 인간의 가능성은 어떤 점에서 무한하다. 하지만 그 무한성은 죽음이라는 한계, 곧 유한성에서 나온다. 여기서 우리는 무한과 유한의 미묘한 관계를 볼 수 있다. 인간은 무한한 존재가 아니다. 인간은 죽을 운명의 존재다. 시작이 있고 끝이 있는 존재다. 일단 이런 한계가 있다는 점에서 인간은 유한자이다. 그런데 그의 유한성은 무한성과 단절된 유한성이 아니다. 도리어 인간의 유한성은 무한성을 가능케 한다. 인간은 유한하기 때문에, 죽기 전까지는 끊임없이 자신의 한계를 갈아치울 수 있다. 만일 인간이 죽지 않는다면, 인간은 고정된 자기 모습을 느긋하게 유지하게 될 것이다. 언젠가 무슨 이유로 바꿔볼 수도 있겠지만, 굳이 그럴 필요가 없다. 죽지 않기 때문이다.

　죽음을 '생각'하고 '기억'하고 memento mori '선구先驅'(선취나 이해라고 표현해도 무방하다. 어떻게 표현하든 이런 말들은 말할 수 없는 죽음을 말하면서 생겨나는 다중적 표현들일 뿐이다)하는 것은 삶을 약동케 한다. 죽음의 선취를 통해서, 삶의 변화무쌍함을 온전히 드러낼 수 있다. 하이데거가 죽음을 통해 말하고자 하는 것이 바로 이것이다. 인간이 존재를 드러낸다는 것은 일차적으로 자기 존재의 변화무쌍함을 온전히 드러낸다는 것인데, 그것은 죽음 이해를 통해 가능하다. 죽음 이해 속에서 인간은 불가능하게만 여겨진 것들을 행할 수 있다.

죽음은 인간 실존의 불가능성을 뜻한다. 그런데 죽음을 선구하는 것은 실존 불가능성의 가능성을 실행한다는 말이다. 실존 불가능성의 가능성만큼 탁월한 가능성은 없다. 죽음을 이해한다는 것은 불가능성의 가능성을 살린다는 말인데, 그것은 불가능한 한계에 직면하여 한계 이면에 있는 가능성을 최대로 살린다는 뜻이며, 한계 너머의 무한을 내면화한다는 말이다. 다시 말하면 한계 너머의 무한으로 직접 이행하고 월경하는 것이 아니라, 한계에 직면하여 그 안에서 가능성을 무한히 말아 접는다는 말이다. 피안으로 넘어가는 것이 아니라, 차안으로 피안적인 것을 끌어들이는 것이다. 결국 직접 무한과 소통하는 것이 아니라, 유한 속에서 무한을 유한한 방식으로 드러낸다는 말이다. 이처럼 유한 속에서 무한을 드러내는 길은 무한과의 접경지대, 그 경계를 무한히 내면화시켜 안으로 수없이 많은 경계의 주름을 접는 길이다. 수없이 경계가 내면으로 접히는 가운데 유한은 무한을 담을 수 있게 된다. 그러나 유한이 무한을 담을 수 있는 가능성은 무한하지만, 그렇다고 유한자가 무한자가 된다는 뜻은 아니다. 경계 안으로 무한히 접힐 수 있는 가능성은 결국 인간적 한계, 경계, 유한성, 곧 그것의 실존 불가능성에서 유래하는 것일 따름이다.

유한한 인간은 한계를 가지고 있다. 죽음은 가장 극명한 한계를 칭하는 말이다. 죽음은 인간 실존을 불가능하게 만드는 한계다. 그 불가능성은 그저 울타리처럼 저 먼 곳에 놓여 있는 것이 아니다. 그 불가능성을 하나의 가능성으로 살릴 수 있다. 일상적인 우리는 그 가능성을 살리지 못한다. 그것을 두려워하며 멀리 도망치고자 할 뿐이다. 그러나 때때로 그 가능성을 살릴 때도 있다. 하이데거는 그것을 본래적인 자기로 귀환하는 시간이라고 간주한다. 스스로가 필멸의 존재임을 자각하고 그 운명을 받아들이기로 '결단^{Entschlossenheit}'하는 시간이다.

인간은 언제나 죽음을 향해 있다. 그는 '죽음을 향한 존재'이다. 이렇듯 죽음을 자신의 가능성의 하나로 자각하고 매 가능성을 그 불가능성의 가능성에 비추어 결단하는 자기가 바로 본래적인 자기다. 한 개체가 불가능해지는 극단의 한계 앞에서 겸허히 발가벗고 임할 때, 비로소 개체의 고유한 개성이 반짝일 수 있다는 말이다. 그뿐 아니라 죽음 앞에서의 결단은 흐림 없는 눈으로 세상만사를 바라볼 수 있게 해준다. 즉 그런 결단 속에서 존재의 진리가 드러난다.

하이데거에 따르면, 나는 타인의 죽음과 단절되어 있다. 죽음이 '나의' 죽음임을 강조하는 입장의 필연적 귀결이다. 그런데 과연 우리는 타인의 죽음과 단절되어 있는가? 누구도 타인의 죽음을 대신할 수 없다는 점에서 하이데거의 의견에 동의할 수 있다. 하지만 그렇다고 타인의 죽음에 참여할 수 없다는 것은 지나치게 성급한 추론이다. 태어나서 죽기까지 염려하며, 그것도 타인에게 마음 쓰며 살아가는 것이 인간이라면, 인간은 타인의 죽음에 어떤 식으로든 참여하지 않을 수 없다. 사랑하는 이의 죽음은 살아남은 이의 삶을 강타한다. 마음이 온통 그곳에가 있는 자에게 연인의 죽음은 남의 일일 수 없다. 그것은 동시에 자기의 죽음이다. 그렇기에 타인의 죽음을 대신 짊어질 수는없지만, 그것에 우리가 참여하고 있다고는 말할 수 있다.

여기에 하이데거 죽음론의 허점이 있다. 그는 죽음의 대리 불가능성과 고유성을 강조하다가 타인의 죽음에 대한 분석을 소홀히했다. 아니 정확히 말해서 단순히 소홀한 것에 그치지 않는다. 그것은 궁극적으로 그의 '실존론적 유아론'의 귀결이다. 타인은 자기의 한계가 되지 못한다. 왜냐하면 현존재 각자는 이미더불어 있음이기 때문이다. 다시 말해 자기 안에 더불어 있는타자를 내포하고 있기 때문에, 타인은 자기에게 결정적인 역할을 하지 못한다. 그저 자기와 같은 현존재로서, 또는 자기처럼죽을 수밖에 없는 운명을 타고난 자로서 존중할 뿐이다. 하이데거에게 타인은 자기를 구성 또는 해체하는 결정적인 한계가 되지 못한다. 한계는 오직 자기의 죽음뿐이다. 무한으로 이르는길은 죽음 이외에 없다. 타인은 그 역할을 대신할 수 없다.

타인은 자기의 한계다. 타인의 죽음도 당연히 자기의 한계다. 그래서 타인의 죽음에 참여하는 사람은 자기 죽음에 참여하고자기 죽음을 이해하는 사람과 마찬가지로 한계에 부딪히는 셈이다. 물론 자기 죽음보다 타인의 죽음에 더 마음 쓰는 사람은많지 않다. 사실이다. 그런데 그것은 일상적인 우리의 모습일 뿐이다. 어떤 경우 사람은 타인의 죽음에 마음을 더 쏟는다. 그 것이 자기 죽음인 양, 타인의 죽음으로 자기의 삶을 바꾸는 사 람도 있다. 그것을 좀더 정치하게 풀어낼 필요가 있다. 하지만 하이데거는 그러지 못했다. 그는 자기 죽음의 고유성에 너무 붙 들린 나머지 타인의 죽음에 관한 현상을 너무 간단하게 처리하 고 말았다.

또한 하이데거는 의식적으로 생물학적 죽음을 배제한다. 그의 시도를 종교적 어감으로 말하자면, 정신의 자기갱생, 중생重生 이다. 처음부터 몸의 죽음을 논의에서 배제했기 때문에 이런 해 석이 힘을 얻는다. 하이데거는 몸의 죽음에 대해 좀더 관심을 가졌어야 했다. 왜냐하면 인간의 죽음이란 몸의 죽음만을 뜻하 는 것은 아니지만, 일차적으로 죽음은 몸의 죽음을 뜻하기 때문 이다. 물론 철학자가 몸의 죽음에 관해 말할 것이 얼마 없더라 도, 좀더 많은 관심을 가지고 몸의 죽음을 말하는 편이 현존재 분석을 더욱 치밀하게 할 수 있는 발판을 마련하는 데 공헌했을 것이다. 그의 죽음이 관념적·정신적 죽음에 지나지 않는다는 비판 앞에서 그는 할말을 잃고 말 것이기 때문이다.

그렇지만 분명 하이데거의 죽음론은 종교적 논의와는 차원을 달리한다. 사실 대부분의 죽음론이 종교적 담론에서 나온 것이 며, 어쩌면 종교의 뿌리가 죽음에 있다고도 말할 수 있을 만큼, 죽음은 종교와 긴밀하게 연결되어 있다. 그러나 철학에도 죽음 론은 존재하는데, 대부분의 죽음론은 종교적 담론과 직간접적 으로 연결되어 있다. 하이데거도 이 연결을 부인하지는 않는다. 하지만 그는 종교적 죽음 접근법과는 다른 접근법을 시도한다.

죽은 다음의 세계를 생각하는 종교의 피안적 사변과는 달리, 하이데거는 이 세계에 들어와서 작동하는 죽음을 분석한다. 그는 죽음이라는 한계 내에서 삶의 가능성이 무한화되는 과정을 포착하려 한다. 한마디로 하이데거의 죽음론은 차안적 죽음 담론에 속한다.

> 죽음의 분석은 그 현상을 오로지, 그것이 그때그때의 현존재의 존재가능성으로서 어떻게 이 현존재 안으로 들어서는가 하는 관점에서만 해석하는 한에서, 순수 '차안적으로' 남아 있는 셈이다. ……
> 죽음의 차안적-존재론적 해석이 모든 존재적-피안적 사변에 앞서 놓여 있다.(GA2, 332)

이런 차안적 죽음론은 삶을 저버리지 않는다. 그것은 삶을 초월하고 삶을 배반하는 죽음론이 아니라, 삶의 깊이를 측량하고 그럼으로써 다시 삶에 깊이를 주는 진지한 성찰이다. 죽음은 이미 삶이 시작하자마자 삶의 이면에 들어와 있다. 그것을 성찰함으로써 삶의 깊이를 조성하는 것이 바로 차안적 죽음론이다. '죽음을 향한 존재'란 죽음의 한계가 삶 속에 내재화되어 있음을 뜻하고, 그것을 사유하는 죽음에로의 선구는 내재화된 죽음을 삶의 심연(깊이)으로 만드는 작업을 뜻한다. 그것은 죽음, 곧 한계이자 무-한계인 그 심연을 삶의 심연으로 남기는 일이다. 다시 말해 그것은 유한한 삶에 무-한한 죽음의 흔적을 남기는 일이다. 결국 그것은 두뇌에 깊이 패인 골처럼, 삶 속에 깊은 주름을 접는 일이며, 그 심연 속에서 삶에 새로운 전기를 마련

하는 결단이자, 무진장한 삶을 풍요롭고 다채롭게 창조하는 일
이다.

진정성의 교두보, 양심

『존재와 시간』에서 양심이 도입된 기본 취지는 본래적인 자기,
진정한 자기에 대한 하나의 증거를 제시하는 데 있다. 일상생활
에서 획일화되고 평준화된 '우리'로 살 수밖에 없는 현존재가
과연 자기로 귀환할 가능성이 있다면, 그것을 확인할 수 있는
대표적인 사례는 무엇인가? 이 질문에 대해 하이데거는 양심이
라고 답한다. 나는 세계에 던져져서 우리와 함께, 우리에 빠져,
우리를 학습하며 살지만, 동시에 우리와는 다른 자기로서 살아
간다. 아무리 타자의 시선의 힘이 강력하다 하더라도, 자기는
제거되거나 사라질 수 있는 것이 아니다. 현존재라는 인간이해
에 따르면, '자기'의 개별성이 강화될수록, '우리'의 폐쇄성이 깨
지고 다원화되고 풍요로워진다. 자기 자신과 우리는 분명 대립
적인 개념이고 상호배타적인 측면을 가지고 있다. 하지만 양자
의 대립과 투쟁이 선명할수록 양자는 더욱 긴밀한 관계로 전환
되고 심층적 수준에서의 공속적 관계가 드러난다. 문제는 우리
에서 자기가 도출되는 과정을 살피면서, 동시에 자기가 어떻게
우리를 형성해가는지를 그려 보이는 데 있다. 이 문제에 있어
하이데거의 기본 기획은 다음과 같다.

첫째, 인간은 세계 속에 던져진 세계-내-존재로서 타인과 더

붙어 살아간다. 그래서 우리에 대한 분석이 중요할 수밖에 없다. 그런데 분석 대상으로 주어진 우리는(자기에 맞서 대상화된 우리는) 언제나 폐쇄성과 획일성을 띨 수밖에 없다. 둘째, 죽음을 향한 결단은 우리 세계 속에 빠져 살아가는 가운데 어떤 전환점을 이룬다. 죽음을 선취하는 결단은 우리라는 강고한 울타리를 빠져나와 고유한 자기에게로 이행하는 과정을 보여준다. 셋째, 우리에 함몰되지 않은 고유한 자기가 존재함을 증명하는 현상 분석으로서 양심을 제시한다. 넷째, 양심의 목소리, 즉 자기의 목소리를 가감 없이 듣는 것이 곧 자기 개별성을 극

대화하는 것이자 이처럼 자기존재의 목소리에 귀기울이는 것은 존재 개방적인 우리를 형성하는 유일한 길이라는 점이 밝혀진다. 마지막으로(이 점은 이후 후기 철학에서 상세히 전개되는 내용이다) 세계에 던져진 존재로만 머무는 것이 아니라, 세계를 형성하는 자기 존재가 우리 세계에 미치는 영향으로서 철학과 예술의 역할이 설정된다.

"양심의 목소리"라는 표현이 있듯이, 양심은 일단 목소리, 말로 이해된다. 상식적으로도 양심은 내밀한 자기고백의 언어이다. 본래적인 자기 목소리다. 이렇듯 양심이 내밀한 자기 목소리가 되기 위해서는, 일단 다른 목소리와의 대비가 필요하다. 양심의 목소리는 사회·제도·관습 등 우리의 목소리와는 차별적인 목소리이며, 그것과의 차별 속에서 존재한다. 다시 말하면 현존재에게 있어 자기란 다스 만과의 구별 속에서만 존재하는 것이다.

하이데거는 양심의 부름의 몇 가지 특징을 다음과 같이 요약

한다. 첫째, 부름은 물리적이고 음성적인 부름이 아니다. 녹음기로 양심의 소리를 직접 녹음할 수는 없다. 둘째, 그것은 외부세계의 정보를 담고 있지 않다. 물론 양심의 소리에 그런 정보가 개입될 수는 있어도 기본적으로 양심의 소리는 자기에 관한 이야기다. 셋째, 부르는 자와 불린 자 사이의 동등한 '자기대화'가 아니다. 차라리 그것은 일방적인 목소리이고 섬뜩한 목소리이며, 그 목소리를 따를지 그렇지 않을지는 각자의 선택이지만 무시할 수 없는 위력적인 목소리이며, 따르지 않을 경우 가책을 남기는 목소리다. 넷째, 그것은 침묵의 목소리다. 양심의 '목소리'라고 말하고는 있지만 사실 양심은 말할 수 있는 것이 아니다. 자기 마음을 있는 그대로 말할 수 있는 사람이 있을까? 다섯째, 양심은 가장 고유한 자기를 불러 세우는 목소리다. 다시 말해 진정한 자기일 수 있는 가능성이다. 여섯째, 전달·의사소통을 목적으로 하는 소리도 아니며, 그것을 기대할 수도 없고 기대해서도 안 되는 목소리다. 타인에게 자신의 양심을 말하고 인정받기를 강렬히 원하는 사람은 대개 비양심적인 사람이다. 일곱째, 양심은 계획·준비·의도·기대를 넘어서는 것이다. 도리어 그런 것들에 반하여 '그 무엇'이 부른다. 그래서 그 목소리는 나를 엄습하고 "현존재 안으로 밀고 들어오는 낯선 힘"으로 느껴진다.(GA2, 368) 여덟째, 양심의 부름은 각기 나의 부름이고 개별적인 나의 자기목소리다. 현존재의 본질인 염려가 진정성과 본래성을 가지고 내는 목소리가 바로 양심의 목소리인 것이다.

시간적 존재

쿠라 신화가 말해주듯이, 인간은 궁극적으로 시간의 지배를 받는다. 최종 권한은 시간에게 있다. 인간은 특정한 역사적 세계에 던져진 존재로서 과거의 지배를 받으며, 결정되지 않은 미래에 자신을 투사하는 미래적 존재이며, 동시에 생생한 현재적 순간을 살고 있는 존재다. 역사적 과거가 없는 인간이 있을까? 미래의 변화 가능성이 없다면, 그것이 인간일까? 현재의 순간을 충만하게 채우지 않고서 인간의 삶을 논할 수 있을까? 과거와 현재 그리고 미래는 시간의 세 가지 계기로서 서로 혼융되어 있다. 인식의 편의상 그것을 나누어볼 수 있을지는 몰라도, 언제나 세 가지 계기는 하나로 삼투되어 있다.

시간은 과정이고 변화이다. '흐름'이라는 통속적인 시간 이미지는 무엇보다 이것을 상징한다. 처음과 끝을 가지고 있는 인생에서 시간은 흐르는 것으로 이미지화된다. 지나치게 주관적이고 실존적인 표현처럼 들릴 수 있지만, 시간은 객관화된 시계 시간으로 표상되기 이전에 이미 몸의 시간, 생명의 시간, 의식의 시간, 결론적으로 자기의 인생으로 경험될 수밖에 없다. 스스로 '시간'이란 용어를 사용할 때 어떤 의미로 사용하고 있는지를 곰곰이 따져보라. 그렇다면 물리적 시간보다는 삶의 시간이란 의미로 더 빈번하게 사용하고 있음을 확인하게 될 것이다. 우리는 천문학적인 시간보다는 오랜만에 만난 친구의 희끗한 새치에서 시간을 명상한다. 이런 의미에서 시간의 의미를 정리해보기로 하자.

첫째, 『존재와 시간』에서 그리는 시간은 인생을 뜻한다. 그것은 인간적 삶의 시간이다. 죽음에 임박한 자의 입에서 터져나온 말, "이젠 시간이 얼마 남지 않았어"라는 문맥에서 이해되는 시간 개념이다. 물론 이런 시간은 궁극적으로 존재의 시간에서 유래한 것이다. 그렇다고 하더라도 시간은 일단 존재를 드러내는 현존재의 시간이다. 여타의 시간이해(대표적으로 시계를 통해 측정되는 계량적 시간)는 이런 시간 개념의 파생태에 불과하다. 다시 말해 수치로 측량되는 시간은 삶을 조작하고 통제하고 예측하기 위한 방편으로 제시된 시간에 불과하다. 그런데 이런 인간 삶의 시간은 유한하다. 시간의 무한성은 이 유한한 시간을 바탕으로 엮이고 추론된 관념물이다.

둘째, 시간은 탈자태다. 스스로의 바깥에 있는 존재다. 자기의 외부로 뻗어 있는 존재다. 탈자태란 자기 밖에 나가 섬을 뜻한다. 자기는 미래의 도래하지 않은 자기와 과거로 사라져간 자기 그리고 현재 주위세계에 빠져 있는 자기로 분열된다. 여기서 자기분열은 자신을 확장하면서 나뉜 균열을 의미한다. 시간성은 확장하면서 미래와 과거 그리고 현재로 구분된다. 이렇게 확장된 모습을 일단 자기 바깥에 나가는 것으로 볼 수 있다. 이처럼 자기 바깥으로 나갔다 되돌아오는 순환 과정은 시간의 확장과 수축이라 표현할 수도 있다. 유한한 인간의 시간은 탄생과 죽음 사이이며, 그 사이에 뻗어 있음이다. 그 사이의 확장과 수축 현상이 시간이다. 늘어지는 확장과 첨예하게 한 점으로 집약되는 수축, 여기서 시간의 늘어짐과 응집이 보인다.

셋째, 시간은 부정의 힘이다. 사물적인 고정성을 부정하는 힘이다. 나의 경우도 마찬가지다. 과거와 미래 그리고 순간은 이런 부정의 힘을 잘 보여준다. 과거는 더이상 현재가 아니다. 미래는 아직 현재가 아니다. 순간은 과거도 미래도 그렇다고 단순한 현재도 아니다. 순간은 과거와 미래가 융합된 전체 삶, 응축된 시간이다. 시간의 통일성을 말하면서도 하이데거는 특히 미래에 우위를 둔다. 아무것도 결정되지 않은 예측불허의 미래는 고정된 과거와 현재를 부순다. 시간의 부정성을 가장 잘 드러내는 것이 바로 미래이기 때문에 하이데거는 미래에 우위를 둔 것이다. 하지만 이런 우위는 곧 철회될 수밖에 없다. 왜냐하면 원칙적으로 시간은 과거와 현재 그리고 미래로 분리할 수 없는 것이며, 그 통일성이 깨질 때에만 어느 하나의 우위를 말할 수 있기 때문이다. 전통 존재론이 현재 중심적 존재론이었다면, 하이데거는 그것을 깨트리기 위해서 미래 중심적 존재론을 구상한다. 하지만 어느 하나에 우위를 두는 방법은 곧 폐기된다. 왜냐하면 이런 우위가 통일성을 깨트릴 수 있기 때문이며, 미래에 우위를 두기보다는 미래의 의미가 어떠한 것인지를 더 정치하게 밝히는 편이 더 나을 것이라는 판단 때문이다.

미래의 우위는 사실 '결단'의 결정력에서 비롯된 것이기도 하다. 결단, 특히 죽음에의 결단, 양심에로의 결단은 현존재의 본래성과 전체성, 곧 근원성을 확보하는 결정적 계기다. 이런 결단은 철저한 어둠, 무에서 한 줄기 빛을 내는 행위다. 그 행위는 언제나 곧 어둠에 잠식될 수 있다. 무화될 수 있다. 무의미로 전락할 수 있다. 결국 부정될 수 있다. 결단은 그런 무 한가운데에서 자기 전 존재를 걸고 내리는 모험이고 내기다. 부정성이 극대화된 행위다.

넷째, 시간은 자기의 고유한 마음이다. 마음이라고 시간을 규정해봐야 큰 소득은 없다. 왜냐하면 마음 자체가 규정하기 힘든 것이기 때문이다. 하지만 염려와 마음을 병치시킬 때, 발생하는 시너지 효과 역시 무시할 수 없다. 일단 현존재를 마음으로 보고 그것의 존재론적 기반을 시간으로 본 것이라고 가정하고 생각해보기로 한다. '시간은 마음이다.' 과연 이 말은 무엇을 의미하는가?

마음은 나가는 속성을 가지고 있다. 다시 말하면 마음은 무엇인가에게 자신을 빼앗긴다. 우리는 언제나 마음을 빼앗기며 살고 있다. 그 말은 마음은 어떤 실체적인 존재가 아니라 역동적인 것이며, 마음이 자기 바깥으로 나간다는 것을 뜻하면서 동시에 타자가 마음 안에 들어온다는 것을 말한다. 그렇다면 마음은 타자를 품을 수 있는 빔, 여유, 넉넉함 등등이라 말할 수 있다. 그렇다면 빔과 여유 등은 일차적으로 시간적 의미로 해석되어야 한다. 시간적 의미란 얼마나 자기 존재를 투입하느냐의 문제이고, 자기 삶을 얼마나 충실하게 바치느냐의 문제다. 타자를 위해 어느 정도나 비워낼 수 있느냐의 문제는 그에게 시간을 얼마나 할애하느냐의 문제다. 여기서 시간은 양적인 시간만을 뜻하는 것이 아니다. 누군가(무언가)에게 시간을 쓴다는 것은 마음을 쓴다는 뜻이다.

다섯째, 시간은 텅 빈 자기다. 우리는 진정한 자기를 지나가 버렸거나 장차 도래하는 것이라 생각한다. 언젠가 빛났던 자기와 아직 도래하지 않은 자기를 끊임없이 만나려 하는 운동, 그

것이 시간이다. 이런 점에서 시간은 그리움과 기다림의 소유물이다. 예를 들어 미래에 대한 전망을 가지고 있지 않은 사람은 없다. 그런 사람이 있다면, 일단 그는 이해력을 상실한 사람일 것이다. 모든 이해는 미래에 대한 전망을 전제한다. 후설이 들었던 사례에서처럼, 한 곡의 음악을 듣고 이해하려면 계속 이어질 미래의 음을 예상하는 것이 반드시 필요하다. 그것이 없다면 파편적인 음들의 나열만을 지각할 뿐, 한 곡의 완성된 음악을 감상할 수는 없다. 자기가 지금껏 해왔고 지금 하고 있는 일들도 모두 미래에 대한 전망으로부터 그 의미를 찾을 수 있다. 전망이 없는 일은 어느 누구에게나 무의미한 일로 비친다. 인간은 미래를 선취함으로써 과거와 현재에 의미를 부여할 수 있다. 그리고 인간은 빵만이 아니라 의미를 먹고산다.

　인간은 미래적 존재다. 그런데 여기서 두 가지 형태의 미래를 말할 수 있다. 하이데거식으로 말하자면, 본래적인 미래와 비본래적인 미래가 그것이다. 먼저 비본래적인 미래는 우리가 미래를 선취하는 것을 넘어서 미래를 조작·통제의 대상으로 삼으면서 등장하는 미래다. 실상 그것은 현재의 이익, 현재의 보존을 위해 미래를 통제하려는 의지의 산물이다. 그에 비해 본래적 미래는 조작과 통제의 대상일 수 없다. 하이데거식 미래는 유한한 미래다. 즉 끝이 존재하는 미래다. 불가능성 앞에 도달할 수밖에 없는 미래다. 다시 말해 그것은 무엇인가 '아닐 수 있는' 미래이고 '없을 수 있는' 미래다. 무無와 부정성으로 점철된 미래다. 정해진 것이 아니라 '아님'으로 침윤된 가능성으로서의 미래다. 결국 그것은 텅 빈 가능성으로서의 미래다.

따라서 본래적인 미래를 선취한다는 것은 다름 아닌 예측 불가능한 부정성의 시간을 회복하는 것을 뜻한다. 그럴 때 인간은 실존적 동요와 불안을 경험할 수밖에 없다. 그러나 이런 존재의 기우뚱함은 불가피하게 견뎌야 하는 것이지, 요령껏 피할 수 있는 것이 아니다. 만일 그것을 피하려고만 한다면, 그는 본래적인 자기존재와 대면하지 못할 것이며, 결국 자기를 상실하고 말 것이다. 결국 미래를 선취한다는 것은 예측불허의 시간을 회복하는 것이요, 불가피한 존재론적 불안을 경험하는 것이요, 그 불안의 동요 속에서 자신을 창조적으로 형성하는 자유를 경험하는 것이자, 결국 존재를 포용하는 시간적인 존재로서 텅 빈 자신이 되는 것을 뜻한다.

도식적 요약

지금까지 간단하게 『존재와 시간』의 핵심 지점을 살펴보았다. 아무리 주요 맥만 짚었다고 핑계를 대더라도, 누락된 부분이 너무 많다. 가장 좋은 길은 『존재와 시간』과 직접 독대하는 것이고, 시중에 나와 있는 개론서들을 참조하는 것도 하나의 방법일 것이다. 지금까지 나는 다음 장들의 논의에서 꼭 필요한 지점을 선별적으로 다루었다. 이제 첫 장을 마치면서 『존재와 시간』의 도식적 요약을 덧붙이려 한다. 도식적이고 단순화된 요약이나마 이해에 도움이 될 수 있다는 생각 때문이다. 이해한 다음에는 걷어차버릴 도식이지만 지푸라기 하나가 아쉬울 때에는 그것마저 소중한 법이다.

『존재와 시간』은 전통적인 철학의 주요 문제인 '존재'를 밝히려 한다. 존재를 밝히려는 작업은 존재를 묻는 자, 특히 자기 자신의 존재를 문제시하는 자인 인간 현존재 분석에서 시작한다. 이런 인식하에서 하이데거는 인간의 실존을 '있는 그대로' 그려 보이려 한다. 인간은 근대인들이 보았던 것처럼 생각하는 고립된 실체가 아니다. 오히려 인간은 처음부터 세계에 연루된 존재다. 세계 없이 인간을 말하는 것은 어불성설이다. 그래서 우리 주위에서 흔히 볼 수 있는 도구 분석을 통해 (도구적) 세계가 무엇인지를 밝힌다. 그리고 타인과 함께 존재하는 모습을 그려 낸다. 세계 내에 존재하는 현존재는 크게 삼중 구조를 보이는데, 하나는 기분을 조율하며 특정한 세계에 처해온 현사실성이고, 다른 하나는 미래의 가능성으로 기획투사하며 이해하는 실존이며, 마지막으로 현재의 무엇인가에 빠져 있음이 그것이다. 그것들이 비본래적인 모습(다스 만)을 보일 때에는 애매성, 호기심, 잡담의 형태로 나타난다. 반면 본래적인 모습으로는 각기 불안, 결단의 기획투사, 침묵을 꼽을 수 있다. 본래성과 비본래성의 구별은 자기 존재에 가까이 다가가느냐 멀어지느냐에 의해 결정되는데, 죽음 앞으로 선구하고 양심의 목소리를 듣는 것을 통해서, 즉 비본래적 모습에서 벗어나 본래적 자기를 선택하려는 (과거와 미래를 아우르는) 선구적인 결단 속에서 본래성을 회복할 수 있다. 그럴 때에야 비로소 인간은 자기의 참된 모습은 물론이거니와 세계의 참모습도 열어 밝힐 수 있다.

하이데거는 이런 현존의 모습을 염려로 규정한다. 타자에게 마음을 쓰는 염려는 염려 대상의 측면에서 타인을 배려하고 사물을 고려할 뿐만 아니라, 과거와 미래 그리고 현재에 두루 나아가 있는 자신의 탈존적 모습을 가리키는 말이기도 하다. 결국 인간 현존재를 두고 보더라도 존재는 시간의 지평에서 통일적으로 드러난다. 하이데거는 현존재 분석과 현존재의 시간성 분석을 마친 다음, (존재) 역사적 차원으로 논의를 확대하려고 기획했으나 그 부분은 쓰지 못한다. 결국『존재와 시간』은 미완의 기획으로 끝나고 만다. 하이데거 철학의 연속선상에서 본다면, 그 책 이후에 나온 대다수의 작업은 미완의 기획을 심화시키고 보충한 작업이라고 평가할 수 있을 것이다.

다음은 이런『존재와 시간』의 내용을 도표로 정리한 것이다. 도식적 이해의 한계를 감안하고 본다면, 한눈에 책의 내용을 조감하는 이점은 있을 것이다. 이것은 독일 위키피디아 '하이데거' 항목에 나온 도표를 수정 보완한 것이다.

철학의 모비딕

현존재 (세계-내-존재) Dasein(In-der-Welt-sein)					
세계 Welt		자기 Selbst		내-존재 In-sein	

도구 Zeug	주위세계 Um-welt	비본래적인 우리 das uneigentliche Man	본래적인 자기 eigentliche Selbst	처해 있음 Befindlichkeit	이해 Verstehen	말 Rede
			열어 밝혀 있음 Erschlossenheit	애매성 Zweideutigkeit	호기심 Neugier	잡담 Gerede
			선구적 결단 vorlaufende Entschlossenheit	기분/불안 Stimmung/Angst	기획투사/결단 Entwerfen	침묵 Verschwiegenheit

염려 Sorge		
세계-내에-이미-있음 Schon-sein-in-der-Welt	자기를-앞질러-있음 Sich-vorweg-sein	곁에-있음 Sein-bei
현사실성 Faktizität	실존성 Existenzialität	빠져 있음 Verfallen
양심 Gewissen	죽음 Tod	(결단) 순간 Augenblick
과거 Vergangenheit	미래 Zukunft	현재 Gegenwart

시간 Zeit
존재 Sein

2장

시와 죽음

* 이 글은 『해석학 연구』 제14집(2004)에 「시와 죽음-하이데거의 실존론적 시학연구」라는 제목으로 발표된 바 있다.

시와 언어 그리고 죽음

> 죽음과 언어 사이의 본질적인 관계가 섬광처럼 빛나건만, 그것은
> 아직 사유되지 않은 채 남아 있다. (GA12, 203)

죽음과 언어 사이에는 어떤 본질적인 관계가 있는 것일까? 하
이데거의 말은 일단 수수께끼처럼 들린다. 상식적인 이해 수준
에서 생각해본다면, 죽음과 언어는 상당히 동떨어진 개념이다.
죽음은 인간의 삶이 종료되는 사건을 지칭하는 말이고, 언어는
인간이 사용하는 의사소통의 도구이다. 두 개념은 '인간'과 연
관된 개념이라는 점을 제외하고는 아무런 관련이 없는 듯 보인
다. 그렇다면 노년의 하이데거가 던진 이 수수께끼의 의미는 무

엇일까? 하이데거 자신도 이 관계에 대해서는 단지 암시만을 던져주고 있을 뿐이다.

죽음과 언어는 고대 그리스 이래로 서양인들이 인간을 규정했던 말이라는 점에서 일치한다. 서양에서 인간은 '죽을 자^{mortalis}' 또는 '언어적 존재'로 규정되었다. 물론 이외에도 인간을 규정하는 또다른 말들을 수없이 열거할 수 있지만, 유독 하이데거가 관심을 보인 것은 죽을 수 있는 인간과 언어적 존재로서의 인간이다. 이런 점에서 일단 죽음과 언어는 인간을 규정하는 근본 말로서 규정될 수 있다. 그러나 아직 죽음과 언어의 관계에 대해 구체적으로 해명된 것은 아무것도 없다. 여전히 인간이 죽을 수밖에 없다는 점과 언어를 사용한다는 점은 별개의 사실로 남아 있기 때문이다.

하이데거는 죽음과 언어 사이의 본질적인 관계만을 언급하고 있다. 여기서 우리는 한 걸음 더 나아가 시와 언어 그리고 죽음의 관계를 생각해보자. 언어는 죽음과 시를 이어주는 연결고리다. 언어와 시의 관계는 비교적 쉽게 해명된다. 하이데거에 따르면 "언어 자체가 본질적 의미에서 시"(GA5, 108)이며, 시는 "언어의 근원"(GA39, 116)이다. 일상적인 언어, 즉 존재를 왜곡하고 은폐하는 평준화된 언어와는 달리, 시는 "순수하게 말해진 것"(GA12, 14)이자 존재를 밝히는 근원적인 말이다. 후기 하이데거가 존재의 언어를 경청하고 그것에 응답하는 언어로서 시인의 언어를 꼽았던 까닭도 여기에 있다. 그렇다면 죽음과 언어의 관계는 큰 무리 없이 죽음과 시의 관계로 전환될 수 있다.

그렇다면 죽음과 시는 어떤 관계에 있는 것일까? 단순히 시가 죽음이라는 어두운 주제를 다루고 있다는 말일까? 분명 그렇지는 않을 것이다. 죽음을 소재로 삼거나 주제화한 시가 없는 것은 아니지만, 모든 시가 그렇지는 않기 때문이다. 하이데거식 어법에 따르자면, 죽음'과^{und}' 시에서 '과'는 본질적인 '공속관계', 양자의 '가까운' 관계를 뜻한다. 죽음은 시의 본질과 맞닿아 있어야 한다. 그렇다면 어떤 점에서 죽음이 시의 본질에 깃들어 있다는 말인가? 이 물음의 실마리를 풀어가기 위해서 먼저 몇 가지 선행 작업이 요구된다. 죽음과 시의 관계를 논하기 이전에 우선 하이데거가 이해하고 있는 죽음과 시를 각각 살펴볼 필요가 있다. 상식적인 이해에서 출발하지만 결코 그곳에 머무르지 않는 하이데거 사유의 경우, 각별히 이런 선행 작업이 요구된다.

불가능성의 가능성

전·후기를 통틀어 하이데거는 '죽음'이라는 주제를 진지하게 다룬다. 이런 진지한 태도와 관심은 사실 특별한 일은 아니다. 모든 사람은 결국 죽을 수밖에 없고 유한한 삶의 지혜를 사랑하는 철학자는 인생의 마지막인 죽음에 관심을 갖지 않을 수 없기 때문이다. 이미 플라톤이 철학을 "죽음의 수련"[5]으로 규정했던 것처럼, 철학자 하이데거가 죽음에 지대한 관심을 표명하는 것은 유별난 개인적 관심사에서 유래한 것만은 아니다.

후기 하이데거에서 죽음은 간헐적으로 언급되는 반면, 전기 하이데거, 특히 그의 대표작『존재와 시간』에서는 전체 저작의 중심부(전체 83절 가운데 45~53절에 해당)에서 죽음이 중점적으로 논의되고 있다. 이 저작에서 하이데거는 존재의미를 묻는 인간 현존재를 분석하는 데 논의의 초점을 맞춘다. 그는 현존재를 '염려'라고 규정한 뒤, 곧이어 현존재의 전체성을 묻는다. 전체를 다루지 않는 이상, 현존재 분석은 불완전할 수밖에 없기 때문이다. 그리고 전체 현존재가 본래적인 '자기Selbst'로서 존재할 수 있는 통로를 모색한다. 많은 경우 현존재는 자기를 망각한 일상인으로 살아가고 있기 때문이다. 현존재의 전체적인 윤곽과 본래의 자기를 드러내는 길로서 하이데거는 죽음을 사유하기 시작한다.

하이데거에게 현존재란 근본적으로 존재가 자신을 드러내는 열림의 장소이다. 좀더 가깝게는 자기 존재를 문제삼는 존재자이며, 자기 존재의 목소리를 듣고 그것에 응답할 수 있는 인간을 뜻한다. 그런 현존재는 구조적으로 염려로 규정된다. 그러나 이 규정만으로는 아직 현존재의 전체성이 그 '근원'에서 드러나지 않는다. 개별 현존재를 철저히 불가능하게 만들어버리는 한계지점인 죽음이 마저 논의되어야 한다. 왜냐하면 궁극적으로 모든 규정definitio은 결국 어떤 것의 '한계finis'를 밝히는 것에 다름 아니기 때문이다. 더욱 중요하게는, 현존재가 한갓 사물처럼 규정 가능한 어떤 '무엇'이 아니라 다양한 방식으로 존재할 수 있는 '실존'이기 때문이며, 더욱이 그 실존은 어느 것으로도 대체될 수 없는 고유한 자기의 존재이기 때문이다.

'한계'에 대한 하이데거의 생각은 '유한성'의 철학자답게 독특하고 심오하다. 그의 말을 직접 들어보자. "그리스적인 의미에서 한계는 빗장을 걸어 닫는 것이 아니라, 차라리 처음으로 현전하는 것을 산출된 것 자체로 현상하게 해준다. 한계는 자유롭고도 숨김없이 만든다."(GA5, 122) 또다른 곳에서 하이데거는 한계를 그리스어 페라스^{Péras}에서 새롭게 이해할 것을 권하고 있다. "한계는 어떤 것을 중단하는 곳이 아니다. 오히려 그것은 그리스인들이 인식했던 것처럼 그곳에서부터 어떤 것이 그 본질을 시작하는 곳이다. 그렇기에 개념, 즉 정의定義는 말하자면 한계이다."(GA7, 198)

우리는 죽음을 생의 종말로 이해한다. 인간뿐만 아니라 생명을 가진 모든 생명체가 겪을 수밖에 없는 사건으로 이해한다. 그러나 하이데거는 죽음을 인간의 죽음에 한정한다. 그가 주제로 삼은 죽음은 현존재의 죽음이다. 때문에 오해를 피하기 위해서 자신이 논하고자 하는 죽음을 여타의 죽음과 구분한다. 독일어에는 죽음에 해당하는 용어가 크게 세 가지 있다. '끝나버림^{Verenden}'과 '생명이 다함^{Ableben}'과 '죽어감^{Sterben}'[6]이 그것이다. 하이데거는 독일어 어법과 단어의 뉘앙스를 살리면서 각각의 죽음을 구분한다. 첫째, 인간 이외의 생명체가 죽는 경우에는 '끝나버림'이라 하고, 둘째, 생물학적 의미에서 인간을 포함한 모든 생명체가 생명을 잃는 경우에는 '생명이 다함'이라고 하며, 마지막으로 인간 실존의 죽음을 뜻하는 경우에는 '죽어감'이라고 말한다.(GA2, 331 참조) 이 세 가지 가운데 '죽어감'만이 하이데거가 분석하고자 하는 현존재의 죽음, 실존론적·존재론적으로 다루고자 하는 죽음이다.

인간의 삶에는 죽음이라는 그림자가 드리워져 있다.[7] "인간은 태어나자마자 죽기에는 충분히 늙어 있다"(GA2, 329)라는 말처럼, 언제 어떻게 닥쳐올지 모르는 죽음의 가능성 속에서 우리는 살고 있다. 태어나자마자 우리는 죽음 속에 던져진 존재다. 생물학적 의미로든 존재론적 의미로든, 산다는 것은 곧 죽어간다는 말로 대치될 수 있다. 이런 점에서 죽음은 단순히 삶의 반대편에 놓여 있는 것이 아니며, 삶의 바깥에서 삶과 무관하게 있는 것도 아니다. 도리어 죽음은 매 순간 삶과 함께하는 삶의 이면이다. 그래서 삶이 소중한 만큼 죽음 역시 소중하며, 삶의 담론은 죽음의 담론과 병행될 수밖에 없다. 하이데거가 인간 현존재를 '죽음을 향해 있음Sein zum Tode'이라 규정하고, 인간 현존재를 논하는 곳에서 죽음을 사유할 수밖에 없는 이유도 바로 여기에 있다.

하이데거에게 현존재는 '실존Existenz'이며, 실존은 한마디로 '존재할 수 있음'을 뜻한다. 다시 말해 현존재의 존재방식은 한 가지의 본질로 고착된 사물적 존재방식과는 달리, 기획투사 속에서 다양하게 '존재할 수 있고', 그래서 언제든 변모 가능한 존재다. 그런데 죽음은 현존재의 모든 가능성을 무화시킨다. 동시에 죽음은 현존재의 모든 가능성을 허락해주는 미래 시간지평의 끝이다. 여기서 끝이란 단순히 어떤 것의 중단을 뜻하지도, 한갓 제약한다는 부정적인 의미를 담고 있지도 않다.[8] 불가시不可視의 지평선이 그어져야 비로소 가시적인 풍경이 펼쳐질 수 있는 것처럼, 여기서의 끝은 새로운 시작의 가능성을 보장해주는 끝이며, 현존재의 모든 가능성들을 가능하게 하는 끝이다. 이런 의미에서 하이데거는 죽음을 "탁월한 가능성"이라 말하고, "실존 일반의 불가능성의 가능성"이라고 말한다.(GA2, 350: 원문 강조)

그렇다고 죽음이 살아 있는 현존재와 무관하게 단순히 미래의 가장자리에 놓여 있는 것은 아니다. 언제나 현존재는 죽음과 맞닿아 있다. 죽음은 탄생하는 순간부터 삶과 함께, 삶의 가까이에 임박해 있다. 따라서 현존재는 죽음을 향한 존재이며, 죽음을 향해 있음으로써 그 죽음을 자기 존재에 내면화시킬 수 있다. 하이데거가 인간 실존의 불가능성인 죽음을 하나의 '가능성'으로 보는 이유가 여기에 있다. 단순히 언젠가 죽을 수 있다는 의미의 가능성이 아니라, 살아 '있는' 죽음, 즉 그때그때마다 현존재를 구성하는 죽음이라는 의미에서 죽음 역시 하나의 가능성이고, 그래서 죽음은 현존재의 실존에 속한다. 조금 더 극단적으로 말하자면, "본질적으로 현존재는 그의 죽음이다."(GA20, 433) 이런 의미에서 하이데거는 죽음을 '불가능성의 가능성'으로 해석한다.

여기서 가능성은 전통 논리학에서 이해되듯 현실성에 미치지 못하는 가능성을 뜻하지 않는다. 현존하는 것을 우위에 두는 전통 형이상학에서 가능성은 현존의 현실성과 무관하거나 그것에 아직 도달하지 못한 양태를 뜻한다. 반면 하이데거에게 가능성이란 현존^Anwesen과 부재^Abwesen의 이중적 존재방식을 뜻한다. 현존만을 고집하는 현실성보다는 부재 가운데 생동하는 현존을 드러낼 수 있는 가능성이 더욱 탁월하지 않을 수 없다. 이렇듯 죽음은 철저한 현존재 불가능성의 '가능성'이다. 불가능의 가능성으로서 죽음은 몇 가지 독특한 성격을 갖고 있다. 하이데거는 죽음의 성격을 1) 가장 고유한 가능성, 2) 무연관성, 3) 추월 불가능성(건너뛸 수 없음), 4) 확실성, 5) 비결정성으로 세분화시켜 밝히고 있다.(GA2, 341~347 참조)

이런 죽음의 가능성은 언제나 매 순간 개별 현존재 각자에게 '가장 고유하게' 임박해 있다. 죽음은 매 순간 나의 죽음일 뿐, "죽음 일반이란 없다."(GA20, 433) 죽음에 임박해서 현존재는 사물 또는 타인들과의 '연관에서 벗어나' 고독하게 남는다. 삶이 저마다 자기 자신의 삶이듯, 죽음 역시 어느 누구도 대신해줄 수 없는 자신만의 죽음이므로 자기 몫의 죽음을 떠맡지 않을 수 없기 때문이다. 누구도 자기 삶을 대신해줄 수 없다는 자기 삶의 '유일무이성'은 사실상 자기 죽음의 '대체 불가능성'을 통해서 밝혀진다. 또한 자신이 죽는다는 사실만큼은 다른 어떤 진리보다 '확실'하지만, 죽는 순간만큼은 '비결정' 상태에 있다. 이런 비결정성 때문에, 인간이면 누구나 죽을 수밖에 없지만, 특정한 사람만을 '시한부 인생'이라고 칭할 수 있는 것이다. 또한 가장 극단에 놓인 가능성으로서 죽음은 '추월할 수 없는' 가능성이다. 죽음은 삶과 동시에 던져졌기에, 미래의 가장 극단에 있으면서도 가장 선행하는 가능성이다. 따라서 실존의 어떤 가능성도 그것을 능가할 수 없으며, 도리어 그 추월 불가능한 극단의 가능성이 밝혀져야만 비로소 여타의 가능성들이 현존재에게 자유롭게 주어질 수 있다.

죽음은 포착할 수도 없고 마음대로 처분할 수도 없다. 또한 죽음은 실현 불가능하고 언표 불가능하며 그것에 '대한' 인식은 철저히 불가능하다. 죽음과 그 너머의 세계를 말하는 사람들도 있기는 하지만, 어쩌면 그것은 말할 수조차 없는 것이다. 그러나 그렇다고 죽음을 도외시할 수는 없다. 이미 언급했듯이 죽음은 언제나 삶의 가까이에, 삶에 임박해서, 삶의 또다른 이면으로 '존재'하기 때문이다. 이런 죽음은 개념적인 앎보다는 차라리 어떤 기분, 즉 하이데거가 말하는 불안의 기분을 통해 자신을 알려온다.

　죽음 앞에서 인간은 죽음을 회피할 수도 있고 그렇지 않을 수도 있다. 대개 사람들은 전율스런 죽음 앞에서, 자신의 존재라고 여겨온 모든 것을 무화시키는 심연의 무 앞에서 죽음을 바라보기를 포기하고 회피한다. 죽음이 자기 삶의 이면이자 삶과 함께 성숙한다는 것을 애써 부인하고 덮어두려고 한다. 인간 현존재가 죽음을 향해 있는 실존이라는 것을 이해하려 하지 않는다. 차라리 살아 '있는' 죽음을 은폐하는 쪽으로 "유혹"되고, 죽음을 망각하면서 "안정"을 찾지만, 그럴수록 자기 자신으로부터 점점 더 "소외"되어만 간다.(GA2, 338–341 참조)

　반면 죽음을 정면으로 응시하면서 그 가능성을 받아들일 수도 있다. 자기 자신의 가장 고유하고 가장 극단적인 존재가능성을 '받아들인다'는 것은 그 가능성으로 기획투사하고, 결국 그것을 '이해'한다는 뜻이다. 죽음이 자기 자신의 고유한 삶을 가능하게 한다면, 이를 받아들이고 이해한다는 것은 가장 고유한 실존의 가능성을 되살리는 길이다. 하이데거는 죽음의 이해 가능성, 본래적 실존의 가능성을 '선구함'^{Vorlaufen}이라고 명명한다.

결국 죽음을 회피하지 않고 죽음을 죽이지 않고 죽음을 기억하는 것, 삶 속에서 소리 없는 죽음의 목소리를 듣는 것, 그래서 초연히 죽음을 받아들이고 이해하는 것,[9] 즉 죽음에게로 선구하는 '결단'을 통해서 인간은 비로소 전체로서 본래적으로 실존할 수 있다. 요컨대 죽음을 이해한다는 것은 삶의 깊은 "심연 Abgrund"(GA65, 285-86 참조)을 이해한다는 것이고, 그것은 곧 인간을 심층에서 이해하는 것이다. 이런 점에서 인간은 죽음 이해를 통해 자신의 삶을 이해하는, 더 나아가 존재를 이해하는 '죽을 자'라고 규정할 수 있을 것이다.

세계형성과 시 창작

하이데거의 죽음론을 토대로 이제 죽음과 시를 연결지어보기로 하자. 양자를 엮기 위한 실마리는 '세계형성', '세계기획투사'라는 개념이다. 이 개념들이 실려 있는 문헌은 『형이상학의 근본개념들: 세계-유한성-고독』(1929/30)이다. 시기적으로도 이 책은 죽음을 다룬 『존재와 시간』(1927)과 예술의 근원으로서 시를 다룬 「예술작품의 근원」(1935/36) 사이에 있다. 죽음이 세계형성과 관계있고 시가 세계기획투사와 관계있다는 점을 밝힌다면, 죽음과 시의 '사이'를 어느 정도 드러낼 수 있을 것이다.

『존재와 시간』 이후, 1929/30년 겨울 학기 프라이부르크 대학에서 진행된 강의에서 하이데거는 동물과 인간의 변별점에

좀더 구체적으로 접근한다. 이미 살펴본 것처럼『존재와 시간』
에서는 별다른 설명 없이 단순한 용어상의 차이(끝나버림/생명
이 다함/죽어감)를 통해 암시적으로 양자를 구분했다. 그런데
이 강의에서 양자는 '세계의 빈곤Weltarm'과 '세계형성Weltbildung'이
라는 측면에서 날카로운 대립각을 이루고 있다. 여기서 우리의
주된 관심은 동물과 인간의 차이점에 있다기보다는 죽음과 세
계형성과의 관계에 있다. 그렇다고 하더라도 동물과 인간의 차
이점을 약술할 필요가 있다. 여기서 죽음과 세계형성의 밀접한
관계가 해명되기 때문이다.

하이데거가 보기에 동물은 세계빈곤 속에 존재한다. 동물과
인간의 차이가 세계빈곤과 세계형성으로 규정될 수 있지만, 그
것이 곧 "우열적인 단계 질서"는 아니다.(GA29/30, 322 이하
참조) 둘 사이의 차이는 동물이 인간보다 하위단계에 있다는
점을 들어 동물을 폄하하기 위해 고안한 차이가 아니라, 세계
개념을 해명하기 위해 시도해보는 비교 수준에서의 차이일 뿐
이다. 하이데거는 세계를 "전체에 있어 존재자 자체의 개방가
능성"(GA29/30, 458)으로 정의하면서, "세계가 없는weltlos" 돌
과는 달리 동물과 인간은 존재자와 특정한 관계를 맺고 있다고
말한다. 그런데 동물과 인간이 맺는 관계방식의 차이는 상식적
인 기대 이상으로 크고 심원하다. 동물의 관계방식은 충동들에
휘둘리는 "몽롱한 짓Benehmen"이고 그런 접근방식에서 여타 존재
자는 존재자'로서als' 받아들여질 수 없다. 다시 말해 "동물존재
자체의 내적 가능성"(GA29/30, 391)인 "얼빠져 있음
Benommenheit"으로 말미암아, 동물은 존재자의 개방성에서 박탈되

어 있다. 이에 반해 인간의 관계방식은 존재자를 전체에서 개방하는 "행동관계Verhalten"이다. 그렇다면 동물에게는 존재자를 개방하는 세계가 없다고까지 말할 수 있다. 따라서 동물은 세계-내-존재로서의 인간의 죽음과는 전혀 다른 죽음(끝나버림)을 맞이할 수밖에 없다고 봐야 할 것이다.

> 우리가 죽어감이라는 말을 인간에게 서술하는 한, 동물의 본질에는 '얼빠져 있음'이 속해 있기 때문에, 동물은 죽어갈 수는 없고 다만 끝나버릴 뿐이다.(GA29/30. 433)

그렇다면 죽을 자로서 인간은 세계와 어떤 관계가 있는가? 동물과의 비교 속에서 암시되었듯이, 인간은 존재자의 개방가능성, 즉 세계에 허락된 존재자이다. 바꿔 말하면 존재자를 존재자'로서' 밝히고, 그것과 관계를 맺고 이해하며 접근할 수 있는 존재자이다. 하이데거는 이를 다음과 같은 말로 요약한다.

> 인간의 본질, 다시 말해 인간 속의 현존재는 기획투사의 성격에 의해 규정되어 있다. 앞서 언급한 일어남의 원초 구조로서의 기획투사는 세계형성의 근본구조이다. ……기획투사란 곧 세계기획투사이다.(GA29/30, 581)

현존재는 기획투사를 통해 존재자를 존재하게 하는데, 이때 기획투사는 세계의 기획투사이다. 여기서 언급된 기획투사는 『존재와 시간』에서의 기획투사와는 조금 다르게 표현되고 있다. 『존재와 시간』에서 기획투사는 존재자를 세계 속에 던져 존재자를 의미 있게 존재할 수 있도록 하는 실존의 구조였다면, 여기서는 세계 자체를 형성하는 근본구조라는 점이 강조된 기획투사이다. 이런 근원적인 기획투사는 모든 가능성을 가능하게 하는 것, 즉 "가능하게 하기 위한 자기개방"(GA29/30, 584)이다. 세계는 이런 기획투사 속에서 형성된다.

세계기획투사가 가능한 것은 현존재가 유한한 존재, 즉 죽음이라는 극단의 한계를 향해 있는 존재이기 때문이다. 세계형성의 기획투사는 불가능성의 가능성, "현존재의 단적인 아님非性 Nichtigkeit"(GA2, 407), 결국 무[10]의 가능성에서 유래한다. 기획투사 자체가 이미 무의 가능성에 지배를 받고 있다. 기획투사는 미래의 "아직 아님noch nicht"에 대한 실존론적 해석이며, 다른 가능성들의 '아님'을 전제해야만 하는 자유로운 선택이다. "기획투사는 그때마다 던져진 것으로서 근거존재의 아님을 통해 규정될 뿐만 아니라, 기획투사로서 그 자체 본질적으로 아님의 성격을 가지고 있다."(GA2, 380) 다음과 같은 하이데거의 진술은 문제의 사태를 더욱 선명하게 밝혀준다.

오로지 비존재자를 그 자체로서 이해할 수 있어야만, 존재자 자체를 향한 모든 인간의 행동관계가 가능하다. 비-존재자와 아님은 오직 이해하는 현존재가 애초부터 그리고 근본적으로 무Nichts와 관계맺고, 무 안으로 나아가 머무를 때에만 이해될 수 있다.(GA29/30, 479)

현존재는 존재이해를 위해서 비존재자와, 궁극적으로는 무와 관계를 맺어야 한다. 무를 이해하지 않고서는 존재를 이해할 수 없다. 무를 이해한다는 것은 무를 받아들이고 무를 가능하게 하는 것을 뜻한다. 이런 의미에서 죽음의 가능성을 선구하는 것은 현존재가 무와 관계 맺고 무 안으로 나아가 머무르는 것을 의미한다. 이런 무 안의 머무름은 "현-존재 자체가 자신의 존재-가능을 시간화하는 근본 방식"(GA29/30, 480)이며, 이런 의미의 '시간성'은 "모든 기획투사함의 가능성의 조건으로서 단적으로 자기기획투사Selbstentwurf"이다.(GA24, 436) 그리고 이런 자기기획투사에서 세계가 형성된다. 그렇다면 죽음의 선구는 세계형성의 원동력이라 할 수 있다. 죽음을 선구함으로써 인간은 이전의 세계를 무화시키고 그 속에서 또다른 세계를 얻을 수 있다. 현존재의 유한성에서 그칠 줄 모르는 세계형성의 무한성이 유래한다. 죽음을 통해 현존재는 부단히 새로운 세계를 형성할 수 있다. 이런 의미에서 "죽어갈 수 있는" 인간만이 세계형성에 속할 수 있다. 그런데 우리가 이런 인간 본질(죽을 자)에 도달할 때, 후기 하이데거는 "본래적인 자기"라는 종전의 표현 대신에, "시인"(또는 "사유가")이라는 호칭을 부여한다.

널리 알려졌듯이, 1930년대 중반부터 예술과 시 그리고 언어가 하이데거에게 중심 화두로 떠오른다. 그 가운데 시는 예술의 본질이자 근원적인 언어로서 중요한 사유의 토포스로 자리잡는다. 그는 횔덜린과 릴케, 트라클, 뫼리케, 헤벨[11] 등의 시를 직접 언급하면서 예술과 언어를 사유했다. 그에게 시는 사유의 이웃이자, 존재언어를 함께 경청하는 동반자이다.

하이데거의 시 이해에 있어 주의해야 할 점이 있다. 그것은 하이데거가 시를 단순히 문학의 한 장르로 이해하지 않는다는 점이다. 하이데거는 일차적으로 시를 그리스적인 의미에서, 즉 포이에시스라는 말의 근원적인 의미에서 이해한다. 포이에시스란 무엇인가를 만들고 짓는 창작 행위 전체를 가리키는 말이다. 플라톤에 따르면, 포이에시스는 "없는 것으로부터 있는 것으로 옮아가는 원인이 되는 일"을 뜻한다.[12] 그런데 하이데거가 해석하는 포이에시스는 일종의 창작이기는 하되, 단순한 제작이나 기독교적 의미에서 창조주에 의한 피조물 창조를 뜻하지 않는다. 포이에시스는 차라리 자연(그리스어로 퓌시스^{Physis})에 가까운 개념이다. "창작함, 곧 포이에시스는 수공업적인 제작만을 뜻하는 것도 아니고, 예술적·시적 표현과 묘사만을 뜻하는 것도 아니다. 퓌시스, 즉 스스로 안에서부터 솟아오름 역시 일종의 창작함, 포이에시스이다."(GA7, 17) 그리스어 포이에시스를 독일어 창작함$^{Her-vor-bringen}$으로 번역하면서 하이데거는 창작함을 "은폐와 자기은폐적인 것으로부터^{her} 비은폐, 개방가능한 것 앞으로^{vor} 가져옴"(GA13, 103)이라고 해석한다. 따라서 하이데거에게 시의 일차적 의미는 '은폐된 것을 드러낸다'는 의미의 '창조성'[13]을 뜻한다.

이런 시의 폭넓은 의미를 확대해서 해석해보면, 창조적인 모든 것은 그 자체로 시적이다. 물론 하이데거의 언어 사용에서 이런 광의로 해석된 시 말고, 우리가 상식적으로 알고 있는 시를 뜻하는 경우도 있다. 이렇게 이중적인 의미로 하이데거가 말하는 시를 이해할 때에야 비로소 미로에 빠지지 않고 하이데거의 시론에 접근할 수 있다. 하이데거 시론은 예술의 근원으로서 시를 위치짓는 논의 지점에서 출발한다. 창조성을 총칭하는 말로 시를 이해할 수 있다면, 창조적인 예술작품들은 모두 시적이라고 말할 수 있다. 좁은 의미의 시, 즉 언어예술의 하나로서 간주되는 시 역시 여타의 예술장르 가운데에서 탁월한 위치를 점하고 있다. 이런 시의 탁월성은 그것이 예술의 창조적 본질을 뜻한다는 점에서, 그리고 존재를 개방하는 언어-예술이라는 점에서 그 이유를 찾을 수 있다.

후기 하이데거의 언어론은 매우 복잡하고 다양하게 전개된다. 여기서는 「예술작품의 근원」에서 제시되는 언어론을 중심으로 논의를 전개하기로 한다. 이 텍스트에서 언어는 '기획투사'를 통해 해명되고, 언어-예술인 '시'와 연관하여 진술된다. 「예술작품의 근원」에서 하이데거는 다음과 같이 말한다.

> 처음으로 언어가 존재자를 명명함으로써, 그런 명명함이 비로소 존재자를 낱말Wort로 가져오며 현상하게 한다. 이런 명명함은 존재로 향해 있는zu 존재자를 그것의 존재로부터aus 지명한다. 그런 말함은 밝힘의 기획투사이며, 그 속에서 존재자를 개방하는 것이 알려진다. 기획투사함이란 어떤 던짐Wurf을 불러일으킴이고, 여기서 던짐은 비은폐성이며, 비은폐성은 존재자 안으로 자신을 보낸다.(GA5, 107)

언어는 존재자를 개방하고 밝히는 기획투사이다. 그리고 이전 1929/30년 강의식으로 말하면, 언어는 세계기획투사이다.

이런 세계기획투사의 언어 속에서 세계형성이 일어난다. 그런데 "언어가 본질적 의미에서 시"라면, 당연히 시는 "기획투사하는 말함"(GA5, 107)이다. 후에 하이데거는 "말함Sagen"을 "빛을 비추며 은폐하고 베일에 가린 세계의 건네줌"(GA12, 188)이라고 규정한다. 그렇다면 시는 결국 세계를 기획투사하는 말함이라고 규정지을 수 있을 것이다. 이런 의미에서 시의 본질은 세계형성, 즉 "진리의 건립"이다.(GA5, 110) 여기서 하이데거는 "건립Stiftung"을 세 가지 의미로 새긴다. 첫째는 지금껏 없던 진리의 "선사Schenkung"이고, 둘째는 지금껏 드러나지 않은 고유한 거주 지반의 "근거지움Gründen"이며, 셋째는 미래를 담고 있는 약동하는 "시원Anfang"이다.(GA5, 110 이하 참조) 이 세 가지 의미는 각각 "세계형성"의 '형성'이란 말을 해명해준다. 세계형성이란 이전에는 없던 세계를 "선사"하고, 그럼으로써 현존재의 거주 지반을 "근거짓고", 미래로 향한 도약의 "시원"에 다름 아니기 때문이다.

논의를 거슬러 죽음에 관한 하이데거의 생각을 회상해보자. 그에게 죽음이란 인간 실존의 본질적 구조인 기획투사를 가능케 하는 심연의 무이다. 비유컨대 그것은 언제나 새롭게 그림을 그릴 수 있게 하는 검은 칠판이다. 모든 그림은 그 흑판 위에서만 그릴 수 있고, 끊임없이 그림을 지워 무화시키는 신비로운 흑판 덕분에 새로운 그림을 다시 그릴 수 있다. 이런 의미에서 죽음은 세계형성의 밑바탕이자, 하이데거식 창조성의 가능조건이다. 그렇다면 세계를 기획투사하는 말함인 시는 죽음과 무관할 수 없다. 창조성을 자기본질로 삼고 있는 시는 창조성의 가능조건인 죽음과 무관할 수 없는 것이다. 이제 죽음이 시에 남겨놓은 흔적을 시 작품과 시 해석 그리고 시인에 대한 논의 속에서 찾아보자.

시와 죽음

플라톤은 『향연』에서 죽음 담론을 펼친다. 원래 이 텍스트의 주요 테마는 에로스, 곧 사랑이다. 플라톤은 여러 등장인물을 동원하여 당대의 다양한 사랑 담론을 소개하고, 디오티마라는 여사제의 입을 빌려 자신의 사랑론을 전개한다. 디오티마를 통해 그려지는 플라톤의 사랑은 한마디로 '불멸'에의 사랑이다. 풀어 말하자면, 에로스라는 사랑의 정령은 존재와 무, 선과 악, 미와 추, 풍요와 궁핍, 불사不死와 가사可死의 '사이'에 위치해 있는 중간자로서, 앞에서 열거된 것들 오른편에서 왼편으로 넘어가려는 욕망을 뜻한다. 특히 죽음과 연관지어 생각해볼 때, 에로스는 죽음을 극복Überwinden 하고 넘어가고자 Übergehen 하는 욕망이라고 할 수 있을 것이다. 죽을 자인 인간에게 이는 불가능한 욕망처럼 보인다. 그러나 플라톤이 보기에 그런 불가능한 욕망 충족의 길이 전혀 없는 것은 아니다. 죽을 수밖에 없는 인간은 육체 또는 영혼의 "생식과 출산"을 통해 이 욕망을 충족시킬 수 있다. 플라톤은 이렇듯 불멸을 동경하는 영혼의 자식을 시라고 생각한다.[14]

　그런데 죽음은 과연 이런 식으로 극복될 수 있는 것일까? 우리는 죽음 너머로 이행할 수 있는가? 죽음 너머의 시공간이 있기나 한 것일까? 이런 물음에 대한 플라톤의 대답은 확실하고 단호하다. "육체의 감옥"에 갇히기 이전에 이미 우리 영혼은 불멸의 세계에 속해 있었다고 말이다. 그렇다면 하이데거는 이런 물음들에 대해 어떤 대답을 할 수 있을까? 아마도 죽음은 극복될 수 있는 것도 아니며, 죽음 너머의 세계는 죽기 전 세계의 역투사, 즉 존재자들의 존재자성일 뿐이며 그래서 존재자들의 원형이자 근거로 파악된 죽음 너머의 진리의 세계는 참된 존재가 아니라고 말하지 않았을까? 하이데거의 관점에서 죽음은 극복되어야 할 것이라기보다는 "본질적인 죽음을 품어내고^{austragen}" (GA79, 56) 감내하고 받아들여야 하는 것이다. 또한 죽음 너머에 있는 불멸의 세계를 추구할 것이 아니라 삶과 연관된 죽음, 삶 속에 깃든 죽음을 사랑해야 한다. 이런 죽음에의 사랑은 곧 삶을 사랑하는 것이며 삶을 충실하게 채우는 것이다. "죽음을 향해 있음"이란 이처럼 삶과 공속해 있는 죽음을 사랑하는 것에 다름 아니다. 그렇다면 플라톤이 말하는 불멸에의 욕망은 종국에는 죽음을 회피하려는 욕망일 수 있다. 죽음 너머의 세계로 "유혹"되어 그곳에서 "불안"을 잊고 "안정"을 찾으려 할수록 자신의 죽음, 자신의 삶에서 "소외"될 수 있기 때문이다. 하이데거의 '존재망각'은 다름 아닌 '죽음망각'을 뜻한다. 하이데거에게 무는 "존재의 베일"(GA9, 『이정표1』186)이고, 죽음은 "무의 상자"(GA7, 230)이기 때문이다.

진정한 의미의 플라토닉 러브, 즉 불멸에의 욕망에 동의할 수 없다 하더라도, 플라톤의 에로스가 사태 자체를 적중시키는 여러 측면이 있다는 점은 인정해야 할 것이다. 특히 에로스가 '사이'에 존재한다는 진술이 그러하다. 시의 원천인 에로스는 삶과 죽음의 '사이', 바로 그곳에 위치해 있다. 사랑과 그 사랑의 결실인 시는 죽음과 맞닿아 있다. 시는 죽음과 본질적인 관계를 맺고 있다. 그렇다면 시에 드리워진 죽음의 그림자는 어떤 모습으로 존재할까? 먼저 하이데거의 다음과 같은 말에 주목해보기로 한다.

> 모든 위대한 시인은 오직 단 하나의 유일한 시로부터 시를 짓는다. 그가 어느 정도로 이 유일한 시에 내맡겨져, 그 속에서 어느 정도로 시짓는 말함을 담을 수 있느냐에 따라, 그 위대함이 가늠된다. 한 시인의 시는 말해지지 않은 채 남아 있다.(GA12, 33)

인용문에 따르면, 말해지지 않은 하나의 시, 영원히 침묵하는 시 한 편 때문에 시인은 무수히 많은 시를 짓는다. 손에 잡힐 듯, 언어로 포착될 듯하면서 이내 잡히지 않는 그 한 편의 시를 쓰기 위해서 시인은 습작으로 남을 수밖에 없는 무수한 작품을 남긴다. 말해지는 순간 습작으로 남을 수밖에 없는 시들의 운명. 이 경우 습작이란 상식적인 의미의 불완전한 시를 뜻하지 않는다. '불완전'이라는 말은 '완전'을 전제한다. 완전한 이상을 전제해야 불완전한 작품도 가능하다. 그렇다면 인용문의 유일한 시는 과거 고전주의자들이 말했던 작품의 이상을 뜻하는가? 결코 그렇지 않다. 왜냐하면 이상은 그것에 도달할 수 있든 없든 간에, 작품 존재의 완전성을 뜻하는 말인 데 반해서, "말해지지 않은 채 남아 있는" 유일한 시는 쓰여지는 순간 '아님'을 통해서만 확인되는 시이기 때문이다. 이 유일한 시는 마치 삶의 배후에서 생명을 불어넣는 죽음처럼 한 작가로 하여금 수많은 작품을 창작하게 하지만, 실제로 그것은 결코 언표될 수도 포착될 수도 없는 '불가능한' 작품이다.

만일 어떤 시인이 유일한 시를 짓는 데 성공했다고 가정해보자. 불가능한 일을 기적적으로 실현했다고 가정해보자. 그 결과는 어떠할까? 그는 더이상 시를 쓰지 않을 것이다. 그런데 시를 쓰지 않는 시인은 더이상 시인이 아니다. 시인은 작품을 통해서만 비로소 시인일 수 있기 때문이다. 그렇기에 유일한 시를 언표하는 순간, 시인은 시인으로서의 죽음을 맞이할 수밖에 없다. 오직 "한 시인의 시가 말해지지 않은 채 남아" 있어야만, 즉 언표 불가능성이 불가능성으로 간직될 때에만, 시인은 작품을 쓸 수 있고 시인으로서 남을 수 있다.

죽음을 "불가능성의 가능성"이라고 했듯이, 유일한 시는 여타의 시들을 가능케 해주지만, 동시에 그 자신은 철저히 불가능한 작품이다. 이 불가능성에 얼마나 간절히 내맡겼느냐에 따라 실제 창작된 시의 위대함이 가늠된다. 죽음의 선구를 통해 삶에 변화 가능성이 생겼듯이, 불가능한 작품은 무수한 작품의 창작 가능성을 확보해준다. 그 불가능성을 회피하지 말고 정직하게 응시하고 떠맡을 때, 그것에 자기를 온전히 내맡길 때, 작품에는 이전에 볼 수 없는 심연의 깊이가 가능해지며, 그 깊이가 작품의 위대함을 조성한다. 이런 상황은 시 창작에서뿐만 아니라 시 해석에서도 마찬가지다.

시들은 '시적이지 않은 언어들'의 소음 속에 있다. 그것은 마치 가벼이 내려앉은 눈발로 인해 제 곡조를 내지 못하는, 허공에 자유로이 걸려 있는 종鐘과 같다. ……아마도 시들에 대한 모든 해명은 종에 떨어지는 눈일 것이다. 설령 그럴 수 있다 해도 어떤 해명이 할 수 있는 것과 할 수 없는 것에 대해 언제나 다음의 사실이 유효하다. 즉 시 속에 순수하게 지어진 것이 좀더 분명해지기 위해서는 해명하는 말 자체와 그렇게 말하려는 시도가 매번 부서져야만 한다. 시로 지어진 것으로 말미암아 시에 대한 해명은 그 자신을 쓸모없게 만들려고 해야만 한다. 모든 해석의 마지막 발걸음이자 가장 어려운 발걸음은 시의 순수한 존립 앞에서 해석의 해명들과 함께 사라져버리는 데 있다.(GA4, 6-7)

종국에는 시 앞에서 매번 부서지고 쓸모없게 되어버릴 해석의 운명. 인용문에 따르면, 해석은 사라짐을, 죽음을 자기 존재의 근거로 삼고 있다. 시 작품에 무한히 접근하려 하지만, 작품과의 행복한 합일은 해석에게 허용되지 않는다. 그것은 불가능한 일이다. 그런데 역설적으로 이런 불가능성 덕분에 해석이 존재할 수 있다. 해석이 작품과 일치한다면, 다시 말해서 일치 불가능성 자체가 불가능해진다면, 더이상 해석은 존재할 수 없을 것이다. 작품과의 일치 불가능성이 해석의 전제조건이다. 그리하여 모든 해석들이 매번 부서지고 사라지고 죽어야만 해석은 하나의 해석으로서 살아남을 수 있다. 한마디로 말해서 해석 불가능성을 가능하게 해주어야만 무한한 해석 가능성을 확보할 수 있다.

죽음을 모험하는 시인

휠덜린(위)과 릴케(아래).

'죽지 않는' 신들의 언어를 '죽을 수밖에 없는' 인간에게 전해주는 헤르메스는 '죽음'이라는 심연의 강을 건너야 하기 때문에, 그의 말에는 죽음이 스며들어 있다. "시인의 시인"(GA4, 34 : 원문 쪽수. 한국어 번역본 63쪽에는 이 구절이 누락되어 있다)인 휠덜린은 신화 속의 헤르메스와 플라톤의 에로스처럼 시인을 "반신", 즉 신과 인간 '사이'의 존재로 그리고 있다. 그런데 이 '사이'에는 죽음이 가로놓여 있다. 때문에 시인은 이 죽음을 모험하는 자로 묘사되지 않을 수 없다. 이것은 하이데거가 릴케 사후 20주년을 기념해 발표한 강연문 「무엇을 위해 시인은?」 (1946)에 잘 나타나 있다.

이 강연문에서 하이데거는 한편으로 릴케를 철학에서의 니체와 같은 위치, 즉 형이상학의 완성단계에 있는 시인으로 기술하면서도, 다른 한편으로 휠덜린의 뒤를 잇는 시인으로 추대한다. 다시 말해서 전체적으로 형이상학적 언어의 영향권 내에 있으면서도, 그곳에서 벗어나는 길을 모색하는 시인으로 릴케를 그려보이고 있다. 이런 점에서 릴케의 언어를 통해 규명되는 언어의 모험성은 전적으로 하이데거 자신의 입장을 개진하는 것이라고 하기는 어렵다. 그렇지만 하이데거가 릴케의 시와 대화하면서 이끌어내는 독특한 해석은 형이상학적 언어를 통해 탈형이상학을 사유한 모범적인 글이라고 하겠다. 여기서 주목할 만한 점은 릴케의 시 속에서 하이데거가 '모험'을 주시한다는 것이다. 하이데거의 해석에 따르면, 릴케는 '모험'을 존재자의 존재로서 노래한다.

　모험이란 위험을 무릅쓰고 자신이 원하는 어떤 일을 경험한 다는 말이다. 독일어 Wagnis는 모험의 이런 의미를 잘 보여준 다. 하이데거에 따르면, '모험하다^{wagen}'와 어원적 친족관계를 형 성하는 말로는 '모험^{Wagnis}', '무게를 달다^{wägen}', '무게가 나가다 ^{wiegen}', '저울^{Waage}', '흔들다^{wiegen}', '요람^{Wiege}' 등이 있다. '저울'이 란 말은 중세에는 위험을 뜻했고, 이 어원은 길^{Weg}과 감^{Gang}이란 의미소를 내포하고 있다. "길을 준비하며 길을 냄^{Wëgen}과 길 내 는 운동$^{Be-wëgen}$ 그리고 도달하게 하는 길은 다음과 같은 동사들, 즉 흔들다^{wiegen}, 모험하다^{wagen}, 파도치다^{wogen}와 같은 동사들과 같은 원천에 속한다."(GA12, 187) 또한 '모험하다'라는 말은 "놀이의 진행 속으로 가져오다, 저울 위에 놓다, 위험 속으로 해방하다"(GA5, 413)라는 의미를 갖고 있다. 결국 하이데거의 어원분석을 정리해보면, 모험이란 낯선 곳으로 향해 있는 길 가 운데에서 겪게 되는 '위험', 그것을 감수하는 '경험'을 뜻한다.

　존재자의 존재를 모험으로 이해하는 릴케는 크게 세 가지로 존재자를 구분한다. 릴케의 논의를 따르면서 하이데거는 또다 시 동물과 인간의 차이점을 다룬다. 릴케가 구분하는 세 가지 존재자 가운데 하나는 식물이나 동물과 같은 '자연적 존재'이 고, 다른 하나는 그보다 더 모험적인 '인간'이며, 마지막으로 그 런 인간보다 더 모험적인 인간인 '시인'이 있다. 그런데 이 세 존재자가 모두 존재자인 이상, 존재, 즉 모험의 지배를 받는다. 그래서 셋 모두 모험을 겪는 것으로서 위험에 노출되어 있다. 그렇다고 전혀 안전을 보장받지 못하는 것은 아니다. 만일 모험이 존재자의 존재라면, 안전은 오직 그 모험 속에서만 마련된다고 볼 수 있다. 하이데거에 따르면, "모험을 겪는 것은 보호받지 못한다는 말은 근본적으로 안전함을 배제하는 것이 아닐 뿐만 아니라, 반드시 그것을 포함한다."(GA5, 413) 이 세 종류의 존재자 가운데 유독 두번째 존재자가 가장 안전을 보장받지 못한 존재이다.

인간이 식물이나 동물보다 더 모험적인 것은 모든 것을 대상화할 수 있는 인간 의식 덕택이다. 식물이나 동물이 세계(릴케적 의미의)에 파묻혀 그것과의 거리 없이 삶을 영위하는 반면, 인간은 존재를 대상화하여 자신과 맞서 있는 것으로 파악한다. 인간은 다른 생명체와는 달리 세계와 거리를 둠으로써 세계를 자신의 시선 속에 잡아두려는 의식의 모험을 감행한다. 릴케는 동물과 인간의 차이를 다음과 같이 말한다. "동물은 세계 안에 존재합니다. 우리는 우리 의식이 받아들인 고유한 방향 전환과 상승을 통해 세계 앞에 서 있습니다."(GA5, 419 재인용) 릴케의 시 속에서 세계 안에 존재하는 동물은 "몽롱한 욕망"을 소유한 것으로 묘사된다. 1929/30년 강의에서 하이데거가 "얼빠져 있음"이라고 칭했던 것을 릴케는 "몽롱한 욕망"이라고 명명했던 것이다. 반면 대상화하는 주체와 대상화된 객체 그리고 그 사이의 거리 속에서 인간은 자연지배 욕망의 가능성을 확보한다. 하이데거에 따르면, 인간의 경우 의욕이란 "의도적으로 이미 세계를 제작할 수 있는 대상들 전체로서 설정해두었던 자기 관철^{Sichdurchsetzen}이다."(GA5, 423)

그런데 이런 형이상학적·근대적 인간은 다른 어떤 생명체보다 더 보호받지 못한다. 비록 자신의 편의를 위해 자연을 지배하고 조작하고 제작할 수 있지만, 그 속에서 인간은 자신을 상실하고 만다. 왜냐하면 조작하고 제작하는 표상의 시선 속에서 인간 역시 예외가 될 수 없기 때문이다. 무차별적이고 무조건적인 계산적 사유는 인간 역시 대상화시켜 '대체 가능한 것'으로 만들어버린다. 모든 것을 대체할 수 있다는 사유 속에서 인간의 고유한 죽음은 부정되고 망각된다. "기술적 대상화의 자기관철은 죽음을 지속적으로 부정한다."(GA5, 444)

이전과는 달리 릴케 강연에서 하이데거는 동물과 인간의 차이를 현대 기술문명과 연관지어 논의하지만, 『존재와 시간』과 1929/30년 강의에서처럼 또다시 '죽음'을 언급하고 있다. 릴케 강연에서 논의의 초점은 사실상 동물과 인간의 차이에 있다기보다는 인간과 시인의 차이, 즉 형이상학적 인간과 탈형이상학적 인간의 차이에 있다. 형이상학적 인간이 죽음을 부정하는 인간이라면, 탈형이상학적 인간, 즉 시인은 죽음을 긍정하는 인간이며 죽음의 가능성에로 선구하는 인간이다. 다시 말해 죽음을 선구하는 본래적인 현존재가 후기에 와서는 '시인'으로 불리고 있다. 시인은 죽음을 부정하고 회피하기는커녕 죽음의 경계를 모험하는 자이다. 그렇다면 죽음의 경계를 모험한다는 말은 무슨 뜻일까? 시인이 더 큰 모험을 감행하는 그 장소는 어디인가?

존재는 그 자체로서 그의 구역을 답사한다. 그리고 그 구역은 존재가 말 속에서 본재함으로써 구획된다. 언어는 그런 구역(사원 templum), 다시 말해 존재의 집이다. 언어의 본질은 의미를 부여하는 것에서 소진되는 것도 아니며, 언어가 단지 어떤 기호나 암호와 같은 것만도 아니다. 언어가 존재의 집이기에 우리는 계속해서 이 집을 통과함으로써 존재자에 도달한다. ……존재의 사원이라는 점에서 생각해보았을 때, 이따금씩 존재자의 존재보다 더욱 모험적인 사람들이 감행하는 것을 추측해볼 수 있을 것이다. 그들은 존재의 구역을 모험한다. 그들은 언어를 모험한다.(GA5, 454 이하)

어느덧 글을 처음 시작하면서 인용했던 "죽음과 언어 사이의 본질적 관계"로 되돌아왔다. 그 사이에 우리는 죽음과 세계기획투사 그리고 시 창작과 시 해석을 살펴보았다. 이제 "더욱 모험적인 사람"인 시인이 죽음과 언어 사이의 신비를 푸는 마지막 열쇠다. 시인은 형이상학적·근대적 인간과는 달리 죽음을 부정하지 않고, 그 경계를 모험하는 자이다. 그런데 위 인용문에 따르자면 시인이 모험하는 "가장 위험스러운"[15] 그곳은 "존재의 구역"인 "언어"라는 "집"이다. 존재의 사원이다.

시인은 존재의 구역(사원)을 모험한다. 존재의 구역은 무엇을 뜻하는가? 상당히 난해한 인용문을 풀이하기 위해서는 차근차근 그의 말을 되짚어볼 필요가 있다. 우선 사원, 즉 템플룸templum에 대한 하이데거의 용어 설명을 들어보자. "templum은 그리스어로 테메노스temenos다. ……템네인temnein은 '나누다', '분할하다'라는 뜻이다. 나눌 수 없는 것은 아트메톤, 아토몬, 아톰Atom이다. 라틴어 템플룸은 근원적으로 하늘과 땅에 나누어 그어놓은 조각, 태양 궤도에 따른 하늘의 방향, 하늘의 방위를 뜻한다. 이 속에서 새 주술사는 새의 비행, 새소리, 새의 먹이로 미래를 점치기 위해 그것들을 관찰한다."(GA7, 65) 템플룸은 하늘과 땅을 분할한 구역으로서, 그것을 통해 고대인들은 방향을 잡고 미래를 점치기도 했다. 이런 의미의 템플룸이 현재에는 '사원'을 뜻한다.

우선 템플룸의 어원적인 의미를 살려 해석하면, 언어는 존재가 분할되면서 자신을 드러내는 구역, 즉 '나뉨'과 '이어짐'의 '분절Artikulation' 장소이다. 존재자를 차이짓고 이어주며 그것을 개방하는 언어 속에서만 존재는 보호될 수 있다. 존재가 머물고 보호된다는 의미에서 언어는 존재의 집이다. 그런데 그 집은 보통의 여염집이 아닌 템플룸, 사원이다. 하이데거가 언어를 사원이라고 말할 때 이는 단지 존재의 구역, 즉 분할의 의미만을 함축한 템플룸만을 뜻한 것이라고 보기는 어렵다. 사원이 함축하고 있는 현재적인 의미 역시 의도했을 것이다.

이번에는 하이데거가 현재적 의미의 사원Tempel에 대해 언급한 부분을 들어보자. 「예술작품의 근원」에서 하이데거는 예술작품의 사례로서 그리스 사원을 언급하고 있다. "그 건축물은 신의 형상을 감싸고 있고, 열린 주랑 홀을 통해서 신의 형상을 성스러운 구역 안으로 들어서게 한다. 사원을 통해서 신은 사원 안에 현존한다. 이러한 신의 현존함은 그 자체로 성스러운 영역의 펼쳐짐이자 한계지움이다."(GA5, 54) 요컨대 사원을 통해 신이 현존하게 됨으로써, 성스러운 영역이 일정한 "형태Gestalt" 속에서, 즉 한계와 분할의 "틈" 사이에서 펼쳐진다. 그런 사원은 "죽음의 신들"[16]을 만날 수 있는 성스러운 공간[17]이다. 또한 일반적으로 이해한다면, 사원은 죽음을 묵상하고 그동안의 일상적인 삶을 반성하며 새로운 미래를 준비하는 곳이기도 하다. 우리가 지금껏 논의한 바에 따라 해석한다면, 사원이란 미래의 죽음으로 앞서 달려가 죽음을 만나는 세계기획투사의 장이다.

인간은 불가능의 영점인 죽음에 이르러서야 비로소 본래적인 (자기)존재에 도달할 수 있고, 죽음을 모험해야만 무의 베일에 가린 존재의 언어를 말할 수 있다. 그래서 존재언어는 인간이 죽음과 만나는 공간, 곧 죽음의 사원이다. 그리고 죽음을 향한 더 큰 모험을 통해 그 신성한 죽음의 사원에 도달한 자가 바로 시인이다. 시인^{Dichter}은 죽음의 사원에서 세계기획투사의 시^{Dichtung}를 듣고 그것을 받아적는$^{dictare\langle tithōn\langle Dichten}$ 사제이다.(GA39, 56 참조) 그가 죽음의 사원에서 듣는 시는 '침묵의 시'이고, 이전 세계를 무화시키는 '아님의 부름'이며, 그래서 새롭게 다시 창작할 수 있도록 해주는 '불가능한 노래'다. 결국 창조적인 시인은 인간에게 주어진 가장 위험스러운 죽음의 사원에서, 즉 언어 속에서 죽음을 선구하는 본래적인 현존재에 다름 아니다. 이런 점에서 죽음을 통해 삶을 창조적으로 조형하려 했던 청년 하이데거가 점차 창조적인 예술과 시로 관심의 축을 옮긴 것은 사유의 자연스러운 추이라 할 것이다.

3장

예술가와 양심

* 이 글은 『하이데거 연구』제11집(2005)에 「예술가의 자기 목소리—예술가의 양
심」이라는 제목으로 발표된 바 있다.

낯선 목소리

막 태어난 아이의 울음소리를 들어본 적 있는가? 그 소리는 '목
소리'라 부르기 어렵다. 그것은 언어를 사용하는 입과 목에서
나오는 소리가 아니다. 차라리 산새의 지저귐이나 강아지 짖는
소리에 가깝다. 그러다가 조금 시간이 지나면, 아이의 울음소리
는 점차 사람의 목소리로 느껴지기 시작한다. 여전히 말 못하는
아이의 소리지만, 그것은 엄마의 젖을 부르고 따뜻한 포옹을 갈
구하는 목소리로 변한다. 이런 점에서 아이의 옹알거리는 소리
야말로 인간의 원초적인 목소리일 것이다. 그것은 분절의 가능
성을 담고 있는 불분명한 언어이자, 낯설지만 귀를 기울이게 만
드는 소리다. 이런 목소리는 우리를 부르고 유인하는 낯선 힘을

가지고 있다.

목소리는 우리를 유혹한다. 물론 매력이 스러진 무미건조한 목소리도 있다. 주위에서 흔히 들을 수 있는 무의미한 잡담이 그러하다. 그러나 그리스 신화에 등장하는 오르페우스의 목소리라든가 세이렌의 목소리처럼 우리를 강력하게 유혹하는 목소리도 있다. 아니, 어떤 소리가 목소리려면 유혹의 목소리여야 한다. 의미 없이 울려 퍼지는 '음향'이 아니라 어떤 의미를 담고 있는 '목소리'라면, 설령 그 의미가 분명하지 않더라도 우리에게 다가와 공명할 수 있어야 한다. 여기서 목소리란 단지 성대를 진동시켜 발성하는 소리가 아니다. 하이데거에 따르면, 목소리란 "이해하게-해-줌"(GA2, 363)이다. 그리고 모든 이해는 곧 자기이해다. 그래서 자기에 대한 새로운 이해의 빛을 던져주는 것이 바로 목소리다. 때때로 어떤 목소리는 자기존재를 뿌리부터 뒤흔들어놓는다. 그래서 우리를 이전과는 다른 모습으로 바꾸어놓는다. 이런 맥락에서 목소리는 우리 자신을 변모시키는 유혹의 힘에 대한 또다른 이름이다. 관성적인 익숙함에서 벗어나게 하는 유혹의 목소리는 처음에는 당연히 낯선 목소리일 수밖에 없다.

예술가는 일상인들과는 다른 부류의 사람들로 간주된다. 예술가들의 기행을 못마땅해하는 일상인들과 자신의 비범함을 과신하는 예술가들은 물론이거니와 예술과 삶의 경계를 무너트리려는 아방가르드 예술가들에게서조차, 예술가는 일상인과는 달라야 하고 다를 것이라는 정체불명의 선입견이 지배적이다. 그런데 이런 선입견의 역사는 특정한 시대에 우연히 만들어진 것이 아니다. 그것의 뿌리는 역사 깊숙한 곳까지 닿아 있다. 이미 플라톤은 예술가를 '광기어린 사람', 또는 '신들린 사람'으로 묘사하고 있으며, 근대로 넘어오면서 예술가는 '천재'로 이해되었다. 그렇다면 이런 견해의 배후에는 어떤 생각이 자리잡고 있는 것일까? 과연 광기와 신들림 또는 천재는 인간의 어떤 본질적 사태를 지시하는 말들인가? 그들은 어떤 힘, 어떤 목소리에 이끌려 움직이는 것일까? 과연 예술가를 범상치 않게 만드는 낯선 목소리의 정체는 무엇일까?

나는 예술가의 특이한 존재방식을 해명하는 자리에서 하이데거의 생각, 특히 '양심의 목소리'에 관한 하이데거의 진술이 큰 도움을 줄 수 있다고 생각한다. 내가 전제하고 있고 동시에 밝혀보고자 하는 주제는, 예술가는 하이데거적 양심의 목소리, 즉 자기의 낯선 목소리를 듣는 자라고 요약할 수 있을 것이다. 물론 양심의 목소리, 참된 자신의 목소리를 듣는 자가 예술가에 한정되지는 않을 것이다. 특정 직업·분야에 종사하는 사람만을 예술가라고 호칭할 경우, 이 주장은 성립할 수 없다. 그러나 하이데거적 의미에서 '예술가'와 '양심'이란 말을 새롭게 새긴다면, 우리의 주제는 그렇게 허황되지도, 무의미하지도 않을 것이다.

예술작품을 논하는 곳(「예술작품의 근원」)에서 예술가는 하이데거에게 그다지 큰 주목의 대상이 되지 못한다. 근대 미학이 작품을 창작하는 주체(예술가)의 능력을 중요시했다면, 하이데거는 예술작품에서 일어나는 사건에 주목하기 때문이다. 그러나 존재의 목소리를 듣는 '사유가'와 '시인'에 대한 언급은 그의 후기 저작에서 자주 찾아볼 수 있다. 많은 면에서 시인과 사유가는 초기 『존재와 시간』에서 언급되는 본래적 현존재의 보다 구체적인 인간상이며, 동시에 탈근대적·탈형이상학적 인간의 미래상으로 간주된다. 그리고 여기서 시인은 예술가의 본명에 해당한다. 왜냐하면 하이데거에게 "예술의 본질은 시"(GA5, 110)이기 때문이다. 다시 말해서 그에게 포이에시스는 단순히 시집 속에서나 찾아볼 수 있는 언어 예술의 한 분야라기보다는, 근본적으로 예술의 창조적 본성을 지칭하는 말이기 때문이다.

하이데거의 양심은 우리가 알고 있는 상식적인 양심과 크게 다르다. 그가 보기에 양심의 일차적인 의미는 신학적·윤리적 차원이 아니라, 인간 실존의 독특한 본래성에서 찾아져야 한다. 그래서 하이데거의 양심은 "각자je meines"(GA2, 370: 원문 강조)의 양심이고, 유일무이하고 본래적인 자기의 목소리다. 진정한 자기가 내는 목소리, 그것이 바로 양심의 목소리다. 그 목소리를 듣고 이해하느냐 그렇지 않느냐에 따라, 인간은 자기 본래의 모습으로 살 수도 있고, 일상의 거대한 힘에 함몰되어 살 수도 있다. 요컨대 하이데거에게 양심은 일상의 구속에서 빠져나와 자기를 회복한 현존재의 본래성을 확인해주는 좋은 증거로 이해된다. 그리고 이 바탕 위에서 도덕적 양심도 논할 수 있다.(GA2, 382 이하 참조) 그렇다면 마찬가지로 이런 폭넓은 의미의 양심 개념은 예술가를 해명하는 중요 개념으로 설정될 수 있을 것이다. 더구나 예술과 도덕과의 관계에 대한 해묵은 논쟁은 하이데거적 양심의 토대 위에서 새롭게 조명될 수 있을 것이다.

서양 지성인들에게 시인은 예술가를 총칭하는 말로 사용된다. 사실 그 이유는 불분명하다. 그러나 플라톤의 다음과 같은 말에서 어렴풋하게나마 그 이유를 가늠해볼 수 있다. "무엇이든 없는 것으로부터 있는 것으로 옮아가는 원인이 되는 일은 다 창작입니다. 따라서 모든 기술에 속하는 일도 창작이며, 그런 일에 종사하는 제작자는 다 창작가인 셈이죠."[18] 여기서 기술이라 번역한 그리스 말 테크네^{techne}는 어원상 예술의 뿌리가 되는 말이다. 그리고 창작이라 번역된 포이에시스는 이후 우리가 알고 있는 시^{Poem}라는 말로 정착된다. 창작, 또는 창조성이라는 의미의 포이에시스가 어떤 경로를 통해 좁은 의미의 언어예술이 되었는지는 알 길이 없다. 다만 시라는 말이 본래 창작이나 창조성을 뜻하는 말이었고, 그래서 시는 창조적인 예술의 본질로서 이해되며, 시인은 예술가를 총칭하는 이름으로 사용되었다고 추측할 수 있을 뿐이다.

플라톤은 테크네를 포이에시스에 귀속시킨다. 이전에는 없던 것을 제작하는 기술은 모두 일종의 창작이다. 여기서 테크네와 포이에시스 사이에는 어떠한 알력도 보이지 않는다. 모종의 연속성만을 볼 수 있을 뿐이다. 그러나 다른 곳에서 플라톤은 테크네와 포이에시스를 날카롭게 구분한다. 『이온』이라는 책에서 플라톤은 시인의 본성에 대해 말한다. 그의 주장을 요약하면, 시인은 테크네를 통해 시인이 되는 것이 아니라, 신적 영감을 통해, 광기를 통해 시인이 된다. 시인은 "신들의 헤르메스"[19]로서 신과 인간을 중계하는 전령이며, 신들의 목소리를 담고 있는 그의 말은 마치 자석에 연쇄적으로 붙어 있는 쇠붙이들처럼 그 것을 낭송하는 음유시인에게, 또 청중들에게 전달된다. 이런 시 인이 지은 시는 창작을 위한 전문적인 앎, 곧 테크네를 종종 말 하기도 하지만 궁극적으로 그것만으로는 시가 될 수 없으며, 그 것만으로는 불충분한 포이에시스로 남을 수밖에 없다. 여기서 포이에시스는 테크네를 초과하는 잉여의 부분에 대한 이름이 다. 말하자면 『이온』에서 등장하는 포이에시스는 테크네만으로 는 설명할 수 없는 미지의 영역인 동시에 예술의 본령에 해당하 는 영역을 가리킨다.

정리해보면, 모든 테크네는 그것이 없음에서 있음으로 옮아 가는 원인이 되는 한에서 포이에시스인 반면, 포이에시스는 테 크네의 한계 너머를 뜻한다. 플라톤은 그것을 당시 관례대로 "신적인 힘"[20]이라고 표현한다. 제작하는 인간의 힘으로는 어찌 할 수 없는 그 너머를 신적인 힘으로 돌린다. 신적인 힘, 뮤즈의 목소리를 담고 있는 포이에시스는 인간의 목소리로 제작되는 테크네의 음역을 단숨에 넘어서는 목소리다. 그래서 시인이 노 래할 때, 그는 신의 목소리를 대리해서 말하는 신들린 자로, 그 소리의 가청음역 밖에 있는 일상인의 눈에는 미친 자로 보일 수밖에 없다.

시인이 불멸의 존재인 신들의 목소리를 낸다고 하지만, 결국 시인도 역시 죽을 수밖에 없는 인간이다. 그래서 그의 목소리에 는 언제나 인간의 목소리가 가미된다. 그의 노래는 신들과 인간 들의 목소리가 어우러진 이중창일 수밖에 없다. 바꿔 말하자면,

시인은 신들의 '헤르메스'로서 신들의 목소리를 해석하는 자이고, 해석된 목소리를 다른 인간들에게 전달해주는 자이다. 이렇듯 신과 인간 '사이'에 위치한 자가 바로 시인이다.

사이존재인 시인

시인이 전령의 신 헤르메스로서 인간과 신 '사이'에 존재한다는 점에 있어서 플라톤과 횔덜린 그리고 하이데거는 일치한다. 「마치 축제일처럼……」이라는 강연문에서 하이데거는 횔덜린의 시를 해석하면서 시인에 대한 이야기를 전개한다. 하이데거의 해석에 따르면, 시인은 "자연"의 "가벼운 포옹"에 안겨서 자연의 "성스러움"을 간직할 수 있다. 무엇보다 시인은 성스러움(자연)을 노래하는 자이다. 그런데 그가 성스러움을 노래할 수 있는 것은 자연의 품에 이미 안겨 있기 때문이다. 그러나 그것만으로는 아직 부족하다. 자연의 비호 아래 있는 시인은 성스러운 자연의 잠재적 "불Feuer"(GA4, 109)을 품고 있기는 하지만 그것을 점화시켜줄 "신의 번개"가 필요하다. 헤라클레이토스의 말처럼, 자연은 자신을 감추기를 좋아한다. 감추어진 자연의 불길을 점화하기 위해서는 번개를 내리치는 신과 "맨머리로 서서 신의 빛살을 제 손으로 붙들어 백성들에게 노래로 감싸주는"(GA4, 97) 시인이 필요하다. 그러나 신도 시인도 서로가 없이는 존재할 수 없다. 왜냐하면 둘 모두 성스러움에 속해 있고, 성스러움을 말하기 위해 반드시 필요한 존재로 규정되기 때문이다. "인간들도 신들도 각자 자기 힘만으로는 성스러움과의 직접적인 연관을 성취할 수 없기 때문에, 인간들은 신들을 필요로 하고 천상의 신들은 죽을 자들을 필요로 한다."(GA4, 135)

반신으로서 시인은 신들과 인간들 사이에 존재하는 "사이존재Zwischenwesen"다.(GA39, 228) 시인에 대한 이 규정은 매우 중요한 의미를 갖는다. 우리는 보통 사이의 양쪽 항이 확실하게 알려져 있고 양자를 매개하고 절충하는 것으로서 '사이'를 설정한다. 그러나 하이데거가 보기에, 횔덜린이 시인(반신)을 노래한 것은 그저 신들과 인간들을 매개하려는 목적에서도 아니며, 한갓 시인의 자의식 때문도 아니다. 그는 "떠나버린 신"과 여전히 물음으로 남는 "우리"에 대한 규정을 하기 위해서 시인을 시작詩作했던 것이다.

우리가 신들과 인간들에 대해 묻게 될 때, 반드시 그 사이에 위치한 시인의 존재를 물을 수밖에 없는 이유에 관해서 하이데거는 다음과 같이 설명한다. 우리가 인간에 대해 묻게 될 때, 물음의 특성상 인간 그 이상을 묻게 된다. 왜냐하면 무엇인가에 대한 물음 자체가 이미 물어진 것의 한계를 넘어서는 행위이기 때문이다. 물음은 언제나 물어진 것이 개방되는 열린 지평을 전제한다. 이에 비해 인간이 신에 대해 묻게 될 경우에는 그 물음은 불가피하게 신에 미치지 못한다. 그래서 인간에 대해 물을 경우에 물음의 방향이 인간들 '너머'로, 신들의 경우 신들 '아래'로 향하지 않을 수 없다.

우리가 진정 인간의 본질을 묻는다면, 우리는 인간 너머로 묻는 셈이다. 왜냐하면 모든 참된 물음은 물음이 걸려 있는 것[das Befragte] 너머로 묻기 때문이다. 인간의 본질에 대해 물으면서 우리는 언제나 어떤 식으로든 초인[인간 위의 존재: Übermensch]을 묻는다. 또한 우리가 진정 신들의 본질을 묻는다면, 우리의 물음은 비밀인 신들의 본질에서 튕겨나와 그 아래로 떨어진다. 신들의 본질을 물으면서 우리는 언제나 어떤 식으로든 하위 신들[신들 아래의 존재: Untergötter]을 생각한다. 초인들과 하위 신들, 그러나 그것들은 인간과 신들에 대한 이중적 물음에서 동일하게 물어지는 것[Gefragte]이다. 이와 같은 것이 반신들이다.(GA39, 231)

그렇기에 반신인 시인을 노래하는 휠덜린은 하이데거에게 각별한 시인이 아닐 수 없다. 그는 반신들을 노래함으로써 신들과 인간을 묻고, 그 양자의 관계를 물으면서 인간이 지상에 거주할 수 있는 시공간을 시적으로 건립하려 했기 때문이다.[21] "휠덜린의 말은 성스러움을 말한다. 그래서 신들과 인간들의 미래 역사의 본질적 틀을 위해서 시원적으로 결단을 내리게 되는 유일무이한 시공간[Zeit-Raum]을 명명한다."(GA4, 153) 성스러움은 신들과 인간들을 모두 현존하게 하는 밝힘이며, 사이존재인 시인만이 그런 성스러움을 노래할 수 있다. 사이 양편에 존재하는 것은 '사이'를 통해서만 규정되고 현존할 수 있다. 그 때문에 휠덜린을 통해 시인은 "반신", "디오니소스"라고 명명되는 것은 물론, 특히 "표지[Zeichen]"라고 명명된다. 말하자면 시인 자체가 모든 존재(신들과 인간을 비롯한)를 개방하는 '언어'라는 것이다.(GA53, 231 이하 참조) 달리 말해 시인은 인간이 감당하기 어려운 신들의 목소리를 온몸으로 받아들여 자기의 전체 존재를 일종의 떨림판으로 사용한다. 신들의 목소리는 공명할 수 있는 틈, 사이가 있어야만 존재할 수 있고, 인간들의 목소리 역시 신들과의 그 사이가 있어야만 하나의 목소리로 남을 수 있다.

시인을 사이존재로 파악한다는 점에서 플라톤과 하이데거는 같은 길을 걷고 있다. 그러나 하이데거는 '사이'를 새롭게 사유함으로써 플라톤과는 다른 길로 접어든다. 플라톤의 '사이' 도식에서 에로스는 특정한 곳을 지향한다. 에로스가 지향하는 목적지는 풍요, 아름다움, 진리, 선, 앎, 불멸 등의 이름이 새겨진 곳이다. 그 반대편에는 궁핍, 추, 거짓, 악, 무지, 필멸 등의 이름이 붙여진 세계가 놓여 있다. 인간이, 특히 시인이 '사이존재'라는 것은 철저한 풍요와 철저한 궁핍 사이에 있다는 것을 뜻한다. 그래서 플라톤에게 '사이'는 철저한 궁핍을 막 벗어났지만, 아직은 결핍되어 있는 존재를 뜻한다. 그렇다면 여기서 결핍은 무엇을 뜻하는가? 결핍의 존재론적 의미는 무엇인가?

결핍과 밝힘

하이데거는 『존재와 시간』 중 특히 양심의 목소리를 논하는 지점에서 이 결핍^{Mangel} 개념을 날카롭게 분석하고 있다. 인간의 존재방식은 눈앞의 존재와 다르다는 점을 강조하면서, 하이데거는 결핍이 "눈앞의 것의 존재론^{Ontologie des Vorhandenen}" (GA2, 382)

에서 나온 개념임을 밝히고 있다. 여기서 눈앞의 존재의 존재론이란 존재가 영원한 현전, 확고부동한 실체, 그것의 자족적 완전성으로 이해되는 존재론, 결국 하이데거가 후기에 이르러서야 명쾌하게 규정했던 "존재-신론Onto-theologie"의 일종을 뜻한다.

이런 존재론에 속해 있는 결핍 개념은 존재론적 완전성에 종속되는 개념이다. 완전성이 전제되지 않은 결핍은 없다. 완전성을 가정해야만 어떤 것의 결핍을 말할 수 있기 때문이다. 물론 그 역은 불가능하다. 완전성은 결핍 없이도 가능한 자족적인 존재의 성격을 뜻하는 말이기 때문이다. 또한 완전성은 결핍된 부분을 충족시켜 도달하게 될 기준이자 목표이기도 하다. 하이데거는 이런 완전성이 눈앞의 존재에게만 허용된다고 말한다. 그것은 인간 실존에는 온전하게 적용되기 어렵다. 이런 완전성은 인간이 만들어낸 관념적 구성물일 뿐이며, 죽을 수밖에 없는 인간은 도달할 수 없는 한갓 '이상Ideal'일 뿐이다.

플라톤에게 인간은 풍요와 빈곤 사이에 존재하는 결핍된 존재이다. 결핍되었기 때문에, 인간은 사랑할 수 있다. 플라토닉 러브의 핵심은 한갓 사랑의 '지고지순한 정신성'에 있는 것이 아니다. 차라리 그것은 실체적인 자기 존재의 완전성을 갈망하는 사랑이고, 아름다운(좀더 완전한) 타자를 소유함으로써 자기결핍을 메우려는 사랑, 즉 타자를 자기화하는 나르시스적 사랑이며, 궁극적으로 불멸의 존재가 되기를 희구하는 불멸에의 욕망이다. 불멸의 존재가 되기 위해서 죽음을 초월하고, 극복하고, 제거하고자 하는 욕망이다. 한마디로 말해서 신들과 인간들 '사이'의 '결핍'을 제거해서 사이의 '경계'를 지워버리려는 욕망이다.

그에 반해서 하이데거는 죽음이라는 인간의 한계를 온전히 받아들인다. 철두철미하게 인간의 유한성을 긍정한다. 자신의 유한성을 적극적으로 받아들임으로써, 인간은 불멸하는 신들의 목소리를 듣는 존재, 그래서 신에게 없어서는 안 되는 존재가 된다. 불멸하기 위해 죽음을 떨쳐버리는 것이 아니라, 죽음을 초연히 받아들임으로써 그 무엇에도 얽매이지 않고 자유로이 존재를 밝히는 자가 된다. 죽음, 즉 신과 인간 '사이'의 경계를 자기 존재의 토포스로 받아들임으로써 직접 불멸의 존재가 되기를 욕망하는 대신, 불멸의 존재에게 반드시 필요한 존재가 된다.

하이데거가 보기에 인간은 결핍된 존재가 아니다. 인간이 성취하고 다가서야 할 완전한 신과 같은 존재는 없다. 신이 있더라도 존재의 완전성과 신은 무관하며, 완전성을 가정한 존재방식으로 신의 존재를 유추해서도 안 될 것이다. 존재의 완전성을 인간과 신에게 소급시켜 그려본 그림은 한갓 편협한 이론이성이 그려본 이상에 지나지 않는다. 이런 점에서 볼 때, 한 치도 다가설 수 없는 무지개를 움켜쥐려는 사람처럼, 플라톤은 결핍의 반대편에 설정된 완전성의 허상에 결박되었다고 말할 수 있다.

인간은 결핍된 존재가 아니다. 그렇다고 완전한 존재는 더더욱 아니다. "이런 의미에서 실존에는 어떤 것도 본질적으로 결핍할 수 없다. 실존이 완전하기 때문에 그러한 것이 아니라, 그것의 존재 특징이 모든 눈앞의 존재와는 구분된 채 남아 있기 때문이다."(GA2, 378) '결핍-완전'의 도식 밖에 있는 것이 인간 존재이다. '결핍-완전'의 도식에서 인간은 눈앞의 존재로 파악될 수밖에 없다. 그러나 가능존재로서 인간은 결코 그런 것이 아니며, 더구나 사이존재로 철저히 남아 있는 시인은 결코 그런 존재로 파악될 수 없다. 하이데거에게 사이존재란 신들과 인간들을 열어 밝히는 존재이기 때문이다. 한마디로 말해서, 하이데거에게 '사이'란 존재의 '결핍'이 아니라 '밝힘'이다. 플라톤에게 '사이'가 완전성으로 향해가는 결핍이라면, 하이데거에게 '사이'는 완전성을 드러내는 밝힘이다.

신들과 인간들 '사이'에 존재하는 시인은 실상 하이데거에게 인간 본질을 구현하는 본래적 인간에 다름 아니다. 하이데거가 보기에, (그리스적) 신들은 "존재자 내부로 주시하는 존재 자체"(GA54, 164)이고 인간은 "그의 본질상 그리고 알레테이아의 본질에 적합하게 신을 말하는 자"(GA54, 166)이며, 시인은 그런 신들을 탁월하게 노래하는 자이다. 시인은 인간 자신의 본질을 탁월하게 구현하는 자이자 동시에 존재 언어를 경청하고 화답하는 자이다. 그런데 존재의 목소리를 듣고 그것에 화답하는 것이 인간의 본질이라면, 시인은 인간 자신의 본래적인 목소리를 듣는 자라고 할 수 있을 것이다. 이렇게 존재와 인간의 관계를 설정하면, 인간 자신의 본래적인 목소리는 존재의 목소리의 울림이 된다. 그렇다면 시인의 목소리는 본래적인 인간의 목소리이고 결국 존재언어의 반향이 된다.

전·후기 하이데거 철학을 특징짓는 두 가지 소리, 즉 본래적인 자기 목소리와 존재의 소리는 연속선상에 있다. 특히 전기 하이데거의 양심의 목소리와 후기 하이데거의 존재언어는 매우 밀접한 관계가 있다. 포괄적이면서 구체적으로 하이데거 윤리학의 전모를 보여준 박찬국 교수는 이 점을 다음과 같이 설명한다. "『존재와 시간』은 상당 부분 근대 선험철학의 사유도식에 구속되어 있기 때문에 현존재의 실존 수행 자체가 존재를 개현시키는 근원인 것처럼 서술되고 있는 경향이 있다. 그러나 이미 『존재와 시간』에서도 현존재의 본래적인 존재를 환기시키는 양심의 소리는 우리가 임의로 조성할 수 있는 것이 아니라 우리를 위로부터 엄습해온다는 점에서 현존재의 유한성이 강조되는 바, 『존재와 시간』이 지향하는 사태는 사실은 후기 하이데거가 지향하는 사태와 동일하다고 할 것이다. 이러한 동일성은 후기 하이데거가 말하는 존재의 소리도 결국은 우리 외부의 사물에서 비롯되는 소리와는 달리 우리 내면에서 솟아나면서도 우리를 위로부터 엄습해오는 소리라는 데서도 드러난다."[22]

'시인의 목소리는 신들과 인간들 사이의 틈에서 발생하는 울림이고, 인간 한계의 심연에서 울려오는 낯선 목소리다.' 이 견해는 다양하게 각색되기는 하지만, 플라톤부터 하이데거에 이르기까지 면면히 이어져오는 서양의 예술가상, 시인상이다. 상식에 어긋나는 개념의 짝짓기처럼 보이기는 하지만, 만일 하이데거의 생각처럼 예술가(시인)의 목소리가 인간 본연의 목소리에 속하는 것이라면, 예술가의 목소리를 근본적으로 이해하기 위해서는, 또 그 목소리의 풍부한 성량을 온전히 가늠하기 위해서는 하이데거 양심론(본래적인 자기 목소리에 관한 성찰)이 필수적으로 요구된다.

자기 목소리의 낯섦

하이데거의 양심 개념이 우리에게 낯선 이유 가운데 하나는 서양어에만 있는 번역하기 힘든 의미 때문이다. 한국어에서 양심은 통상 '선량한 마음' 정도로 이해된다. 그런데 서양어의 양심에는 (자기 자신을, 자기와) '함께 앎Mitwissen'이라는 의미가 내포되어 있다. 어원적으로 이 말은 공동체 구성원들의 공동체험에서 유래한 앎이라는 사회적·윤리적 의미와 함께, '자기 스스로를 알고 있음'이라는 의미를 갖고 있다.[23] 서양어에서의 '양심' 개념은 인식적 함의가 강하고(앎) 타인은 물론이거니와 자기 자신과의 연루(함께)를 내포하고 있다. 그래서 서양인조차 낯설어하는 하이데거 양심 개념이 다른 언어권에 살고 있는 우리에겐 더욱더 낯설게 느껴진다.

양심은 무엇보다 목소리의 현상으로 이해된다. '양심의 목소리'라는 일상어에 기대어, 하이데거는 양심을 먼저 목소리로 이해한다. 그런데 이 목소리는 '부름의 성격'을 가지고 있다. 양심의 부름은 일상의 세계 속에서 자기를 잃어버렸다는 점을 일깨운다. 현존재는 '우선은 대개' 가깝게 관계를 맺고 사는 사람이나 일, 사물 등 자기 주변의 것들에 관심을 쏟으며 살아가기 마련이다. 그런 일상의 삶 속에서 현존재는 일상인의 목소리를 자신의 목소리로 알고 살아간다. 우리의 목소리를 자기의 목소리라고 착각한다. 또한 세상 사람의 목소리는 솔깃하여 들으면서, 자기의 목소리는 그저 넘겨듣는다.

같은 맥락에서 우리는 누구의 자식 또는 부모로서, 어느 학교의 학생 또는 선생으로서, 특정 공동체의 구성원으로서, 각기 자기에게 할당된 사회적 지위나 입지를 통해 자신의 정체성을 확립한다. 그리고 각각의 '로서'로 확립된 자기 모습을 진정한 자기정체성으로 믿는다. 이런 부인할 수 없는 하루하루의 일상 사에서 양심의 목소리는 우리가 일상의 세계에 빠져 있다는 사실을, 다시 말해 이제껏 내가 알고 있던 나는 진정한 자기 자신이 아님을 알려주는 첫 신호음이다.

첫 신호음으로서 양심의 목소리는 낯설게 다가온다. 한편으로 그것은 분명 '나'의 목소리지만, 다른 한편으로는 불현듯 엄습하는 낯선 타자의 목소리처럼 들려온다. "부름은 나로부터^{aus} 오지만 그럼에도 불구하고 나를 넘어 (엄습해)온다"(GA2, 368) 본래 자기의 목소리인데도 그 목소리가 낯설고 섬뜩하고 불안하게 느껴진다. 하이데거는 반대의 의미를 포함하고 있는 독일어 Un-heimlichkeit, Un-zuhause 등으로 자기목소리의 낯섦을 나타내고자 한다.(GA2, 367) 이미 오래전부터 자기를 상실한 우리에게 자기의 목소리는 낯설다. 일상에 얽매여 우리는 자기도 모르는 사이에 자기 아닌 자기에 집착하기 때문에, 양심의 목소리는 필연적으로 충격과 뒤흔들어 일깨움의 계기를 포함한다. 따라서 일상적인 자기를 깨뜨리며 울리는 양심의 파열음은 낯설고 섬뜩할 수밖에 없다.

그렇다면 낯설다는 것은 어떤 의미일까? 트라클의 시를 해명하면서(「시 속의 언어」), 하이데거는 '낯선^{fremd}'이라는 용어의 어원을 다음과 같이 새기고 있다. "fremd은 고고독일어로 'fram'이다. 그 말은 본래 '앞쪽의 다른 곳으로', '~로 향하는 도중에', '앞서 간직된 것을 향해'를 뜻한다."(GA12, 37) 그의 해석에 따르면, 낯섦은 그저 단순한 새로움이나 신기함과는 무관하다. 그것은 인간 자신이 자신으로(여기서는 '방랑자'로서) 고유하게 머물 수 있는 미지의 장소, 즉 끊임없이 앞서 나 있는 '길'의 낯섦을 뜻한다. 다시 말하면 하이데거의 낯섦은 자기 낯섦이다.

양심의 목소리는 일상에 매몰된 자기를 '불러오는' 동시에, 상실된 자기를 '되부르며', 본래적인 자기 가능성으로 '불러 세움'으로써 자기가능성을 '앞서 부르는' 힘도 가지고 있다. 다시 말해서 양심의 목소리는 일상 속에서의 자기망각과 자기상실을 알려오는 동시에, 본래적인 자기의 가능한 모습을 열어준다. 그러나 그렇다고 해서 양심의 목소리가 본래적인 자기를 특정한 모습으로 그려보이는 것은 아니다. 도리어 일상인의 시선에서 볼 때, 그 목소리는 말해주는 것이 전혀 없다. "〔양심의〕 부름은 아무것도 언표하지 않으며, 세상사에 대한 어떤 정보도 주지 않으며, 이야기할 만한 어떤 것도 없다."(GA2, 365) 이런 의미에서 양심의 목소리는 "침묵의 양태"(GA2, 365: 원문 강조)로 존재한다. 신화적으로 치장된 양심 해석, 즉 예언과 신탁의 양심 해석은 이런 점을 사물화시킨 것에 불과하다. 양심의 목소리는 침묵의 목소리다. 그것은 타인에게 전달하기 위해 가공된 목소리도 아니고 특정한 자기모습을 예언하고 그려보이는 목소리도 아니다. 도리어 그런 번잡한 목소리들을 일시에 무화시키는 침묵이자 그 침묵 속에서 자기 본래의 존재 가능성을 밝혀주는 목소리다. 양심의 목소리의 이런 성격은 양심의 '탓Schuld'을 논하면서 더욱 분명하게 밝혀진다.

양심의 목소리가 일종의 부름이라면, '부르는 자^{Rufer}'와 '불리는 자'가 있을 것이다. 부르는 자와 불리는 자의 긴밀한 연관성은 양심의 경우가 아니라도 하이데거 사유 속에서 계속 유지된다. 특히 시인의 존재방식을 해명하면서 말이다. 예컨대 호메로스의 시 첫부분을 해석하면서, 즉 "노래하소서, 여신이여, 펠레우스의 아들 아킬레우스의 노여움을"이라고 시작되는 『일리아스』와 "들려주소서, 무사 여신이여, 트로이아의 신성한 도시를 파괴한 뒤 많이도 떠돌아다녔던 임기응변에 능한 그 사람의 이야기를"이라고 시작되는 『오디세이아』를 해석하면서 하이데거는 다음과 같이 말한다. "시인이 여신들을 불러낸 것이 아니라, 그가 첫마디 말을 하기 이전에 시인은 이미 불린 자이고 존재의 요구 속에 벌써부터 서 있는 자이며, 이런 자로서 은폐의 '신적인' 빠져나감 앞에서 일종의 존재의 구원자이다."(GA54, 188)

그런데 만일 양심의 목소리가 신이나 타인의 목소리가 아니라면, 일단 불리는 자는 일상의 세계에 매몰되어 있는 나일 것이고, 부르는 자는 일상에 빠져 있음을 알리는 본래적인 자기일 것이다. 동시에 불리는 자는 자기상실을 깨닫고 진정한 자기 가능성을 찾는 자가 될 것이며, 부르는 자는 다름 아닌 던져진 존재로서 불안 속에서 자기존재를 염려하는 현존재 자신일 것이다. "부르는 자는 던져져 있음(이미-안에-있음……) 속에서 불안해하며 자기의 존재가능을 문제삼는 현존재이다. 불리는 자는 그의 가장 고유한 존재가능(스스로-앞질러……)으로 불러 세우는 바로 이 현존재이다. 그리고 현존재는 세상 사람들 속에

빠져 있음(고려된 세계 곁에-이미-있음)으로부터 불러옴을 통해 불러 세워진다."(GA2, 371)

그런데 "부르는 자"는 미리부터 어느 누구라고 규정할 수 있는 존재가 아니다. "부르는 자는 '세상'의 누구라고 규정될 수 없다."(GA2, 369: 원문 강조) 일상의 세계에서 사회적 지위나 관계 등으로 손쉽게 자신을 규정하듯이 본래적인 자기 자신을 말할 수는 없다. 그래서 "부르는 자는 일상의 우리들 자신에게 친숙하지 않다. 그래서 마치 낯선^{fremd} 목소리와 같은 어떤 것이다."(GA2, 369: 원문 강조) 양심의 목소리의 주인공은 일상의 우리에게는 섬뜩하고 낯선 목소리를 건네는 자로서 비밀의 배일에 가려 있다. 그래서 '나' 속의 또다른 나는 되돌아가야 할 본래적인 나의 고향^{Heimat}이지만, 비밀^{Geheimnis}에 싸인 숨겨진 나이기도 하다. 이런 부르는 자의 '비규정성'과 '규정 불가능성' 때문에 목소리의 주인공은 자기 자신이지만, 부름이 계획되었다거나 사전에 준비되었다고 할 수 없다.

양심의 목소리는 종종 어떤 낯선 힘, 신의 목소리로 이해되었다. 양심의 목소리를 본래적인 자기목소리로 이해하는 하이데거 역시 마찬가지로 자기목소리의 낯섦을 말한다. 자기 목소리의 낯섦 때문에 양심의 목소리에서 많은 사람들이 신의 목소리를 연상하게 되었다고 말할 수 있다. 비밀스럽게 감추어진 자기존재가 일상의 우리를 낯선 목소리로 부른다. 그 목소리에 귀기울이는 자는 그 목소리에 이끌려 일상의 자기 목소리를 잃게 된다. 그럼으로써 그는 진정한 자기의 새로운 목소리를 낼 수 있다.

"이건 아닌데……"

우리말의 어법에서도 그러하듯 양심은 언제나 양심의 '가책'과 연관된다. 양심의 목소리는 어떤 잘못을 저지르고 난 뒤에 들려오는 소리로 이해된다. 하이데거는 특유의 언어적 감각을 발휘하면서 이런 양심의 죄책감을 새롭게 해석한다. 그가 보기에 양심의 죄책감은 단순히 도덕적 의미나 종교적 의미(기독교의 원죄)로 해석되기 이전에, 현존재의 존재방식에서 파악되어야 한다. 그렇다 하더라도 양심의 목소리가 언제나 "이건 아닌데……"라는 가책의 성격을 띤다는 점은 부인할 수 없는 사실이다.

먼저 독일어 Schuld(탓)는 크게 세 가지 의미를 가지고 있다. 첫째는 부채, 둘째는 도덕적 의미의 죄, 셋째는 책임(원인)이다. 하이데거는 이 세 가지 의미를 적절하게 살리면서 그것을 새롭게 해석한다. 그에 따르면, '탓'이란 한마디로 "아님을 통해 규정된 존재에게 근거임(있음)"(GA2, 378)이다. 이미 보았듯이, 양심의 목소리는 자기의 현재 모습이 본래적 모습이 '아님'을 알리는 데에서 시작한다. 동시에 양심의 목소리는 그렇게 아니라는 규정을 가능하게 하는 근거가 된다. 그 목소리가 없었다면, 우리는 자신이 지금 자신을 상실하고 있다는 사실조차 알 수 없을 뿐만 아니라, 일상성에 빠져 있는 자기의 모습이 본래적인 자기가 아니라고 주장할 수도 없을 것이다. 그래서 '아님'의 방식으로 들려오는 침묵의 목소리는 지금과는 또다른 자기의 가능성을 모험하는 원동력이며 근거인 동시에 떠맡아야 할 책임이다.

'탓'을 현존재의 시간적 계기들과 연결짓는다면, 그것은 무엇보다도 과거와 연결된다. 『존재와 시간』에서 죽음에 미래적 성격이 부각된다면, 양심의 '탓'은 과거적 성격이 두드러진다.(GA2, 432 이하 참조) 양심이 현존재의 본래성을 증명하는 것이라면, 관용어법상 '본래eigentlich'라는 말이 과거를 함축하고 있는 것도 이와 연관된다. '탓'은 이미 일어난 사건, 행위에 대한 '탓'이다. 칸트 윤리학을 비판적으로 논평하면서 쇼펜하우어는 양심의 과거적 성격과 연관지어 흥미로운 어원 해석을 시도한다.

······정언명령이 명령으로서 반드시 행위 이전에 말하는 반면에, 양심은 원래 이후에야 말한다. ······'양심Gewissen'이라는 단어의 어원도 여기서 유래하는 것 같다. 이미 발생한 일만 확실하기gewiss 때문이다. ······누구나 타인을 경험적으로 알듯이, 행동을 통해서만 자신을 배운다. 그리고 이것만이 양심에 부담을 준다. 왜냐하면 이것만이 생각과 같이 불확실한 것이 아니라, 반대로 확실히 변함없이 거기에 서 있고 단순히 사유되는 것이 아니라 의식되기 때문이다. ······그것[고대 그리스적 양심]은 자기가 행한 것에 대한 인간의 앎이다.[24]

그런데 여기서 이미 일어난 사건이란 단순히 과거 어떤 시점의 잘못을 뜻한다기보다는, 좀더 폭넓은 의미로 이해되어야 한다. 하이데거에게 과거란 미래·현재와 여전히 연관을 맺고 있는 '도래하는 과거'이자, 탄생의 순간부터 "우선 대개" 살아오고 있는 과거를 뜻한다. 우리는 이 세계에 태어나서 자신이 어디에서 온 누구인지도 모른 채 살고 있다. 알 수 없는 곳에서 떨어져 나온 현존재는 던져진 존재이다. 다시 말해서 자신이 원해서 이곳에 오지도 않았고, 던져지기 이전의 상태로 돌아갈 수도 없으며, 또 그 배후를 알 수도 없다. 그러나 던져진 존재라는 사실만은, 즉 "왜라는 점에서는 은폐되어 있다 하더라도 그것[현존재]이 현사실적으로 존재한다는 '사실'"(GA2, 369)만큼은 부인할 수 없다.

자기의 시원은 철저히 감추어져 있다. 자기존재의 기원은 비밀에 싸여 있지만, 우리가 알 수 없는 시원에서 떨어져나왔다는 사실만큼은 분명하다. '던져져 있음'은 곧 자기존재의 시원에서 이탈된 것, 더이상 시원이 '아님'을 의미한다. 달리 말하면, 자기존재의 고유한 근거^{Grund}는 시원의 심연(탈근거^{Abgrund})에 있다. 그런 탈근거적 근거는 특정한 '나^{Ich}'를 보증해주는 것이 아니라, '내가 아님'의 근거일 뿐이다. 또한 자기존재의 근거가 심연 속에 놓여 있다면, 자기존재는 또다른 무엇의 탓으로 돌릴 수 없다. 자기를 의탁할 만한 안전한 토대는 어디에도 없다. 따라서 만일 자기라는 것이 존재하기라도 한다면, 자기는 오직 이렇듯 '아님'으로 점철된 '던져져 있음'을 떠맡는 '탓' 속에서만 존립할 뿐이다.

현존재는 던져진 존재, 탈근거적 근거존재로서 그의 시원이 철저히 감추어져 있기 때문에, 시원으로 되돌아가는 길 역시 철저히 '아님'을 통해서만 가능하다. 현존재에게는 끊임없이 이어진 '아님'의 길이 자기의 고향이다. 그리고 좀더 확장해서 말한다면, 모든 '아님'은 이런 "실존론적 무성無性^{existenziale Nichtigkeit}"에 기초해 있다. 그렇기에 '아님'은 단순한 변증법적 "이행"으로서 지양될 수 있는 것이 아니다.(GA2, 381 이하 참조) 만일 누군 가 우리에게서 '아님'을 제거할 수 있다고 호언장담한다면, 그 것은 어느 하나의 있음에 집착하면서 (자기)존재의 비밀을 풀 었다고 자부하는 바와 같다. 그러나 그것은 던져진 유한한 인간 에게는 어울리지 않는 허장성세에 불과하다. 그보다도 인간은 부단한 아님을 반복하는 '사이'에, 자기존재에 가까이 다가설 수 있다. 자기존재의 탈근거적 근거는 아님을 통해서만 확인된 다. 이것이 자기존재의 비밀을 깨트리지 않고 비밀에 다가서는 길이다. 그리고 '아님'의 근거를 떠맡으려고 결단함으로써 자기 존재가 조금씩 드러난다.

　'아님'으로 점철된 현존재의 존재방식은 던져져 있음의 현사 실성에만 한정되지 않고 '기투^{Entwurf}'의 경우도 마찬가지다. 기투 자체가 본질적으로 '아님'의 성격을 가지고 있다.(GA2, 381 참 조) 우리가 어떤 가능성에 기투하는 것은 일종의 선택이고, 그 선택은 선택되지 '않은' 가능성들을 배제함으로써 성립된다. 다 시 말해서 현존재는 자신의 가능성에 철저히 개방되어 그만큼 자유롭지만, 그 자유는 철저히 선택의 자유일 뿐이다. 그리고 그 선택은 자기의 가능성을 현사실적 던져져 있음의 근거 위에 서 기투한 것이므로 한갓 자의적인 것일 수 없으며, 자기 선택 에 대한 책임을 면할 수 없다. 선택에 따르는 책임은 어느 누구 도 대신해줄 수 없다. 왜냐하면 자기선택의 근거인 던져짐의 배 후는 철저히 은폐되어 있어서, 던져진 자기 이외의 그 누구에게도 책임을 전가할 수 없기 때문이다. 그리하여 자기란 다름 아닌 현사실적 던져져 있음의 바탕 위에서 자유로운 자기선택과 바로 그 자기선택을 떠맡음에서 존립하는 것이다.

하이데거는 양심을 다음과 같이 요약한다. "양심이란 현존재를 가장 고유한 탓일 수 있음에로 불러 세우는 세계-내-존재의 섬뜩함에서 유래하는 염려의 부름이다. 그 불러옴에 상응하는 이해로서 양심-갖기를-원함이 생겨났다." (GA2, 386) 양심이란 가장 본래적인 가능성으로 현존재를 부르는 목소리다. 그 가능성은 탄생과 죽음의 어둠 '사이'에서 '아님'으로 부정되는 '순간'에만 드러난다. 이런 양심의 목소리를 듣고 이해하려는 사람은 양심을 가지려는 사람이고, 그 '아님'을 결단한 사람이며, 그 목소리에 불려질 수 있음을 준비하는 사람이다. 그는 알 수 없는 탄생의 시원과 자기를 무화시키는 죽음 '사이'에서, 그 유한한 인간의 운명 앞에서, 섬뜩한 불안의 음조로 조율된^{stimmen} 침묵의 목소리^{Stimme}에 이끌려, 새로운 자기를 결단하는 자이다. 자기존재의 참된 목소리에 유인되어 자신의 모든 것을 그 목소리에 거는 자이다. 그래서 (자기)존재의 진리를 위해서 다른 무엇에도 구애받지 않고 자유로울 수 있는 자이다. 결론적으로 말하자면, 본래적인 자기의 목소리란 유한한 현존재의 깊은 심연에서 울리는 낯선 목소리이자, 동시에 '아님'의 침묵 속에서 자유로이 자신을 창조하는 시적인^{dichterisch} 목소리다.

사람들은 시인이 어린아이처럼 '순진무구^{unschuldig}'하다고 말한다. 이 말은 시인의 맑고 순수한 목소리를 찬미하는 말이면서 동시에 그의 목소리의 무책임성과 비현실성을 지적하며 폄하하는 말이기도 하다. 하이데거 역시 이런 견해를 잘 알고 있었다. 시짓기를 "모든 일들 가운데 가장 순진무구한 일"이라고 언급했던 횔덜린을 떠올리며 하이데거는 이 말의 통속적인 의미를 다음과 같이 요약한다. "어쨌든 이런 놀이에는 언제나 스스로 책임져야 할$^{schuldig\ machen}$ 결정들의 진지함이 빠져 있다. 그래서 시짓기는 완전히 무해하지만 동시에 〔현실에〕 어떤 영향도 미치지 않는다. 왜냐하면 그것은 한갓 말하고 이야기하는 것에 지나지 않기 때문이다. ……시는 일종의 꿈처럼 어떤 현실성도 없고, 말장난이며, 그 행위에는 어떤 진지함도 없다."(GA4, 65) 시는 어린아이의 순진무구한 놀이처럼 어떤 구속도 책임도 없는 놀이다. 그 때문에 현실성이 전혀 없는 백일몽이다. 따라서 이런 시를 짓는 시인은 윤리적으로 무책임하고 미성숙한 어른에 불과하다.

그런데 지금까지 우리의 논의에 따르면 시인은 양심의 '탓'에 가장 민감한 사람이다. 언뜻 보기에 시인이 순진무구하다는 상식적 견해와 우리의 시인론은 상반되는 듯 보인다. 그러나 실은 그렇지 않다. 그렇게 속단하기 이전에, 사태를 밝혀주는 언어를 정치하게 사유할 필요가 있다. 먼저 un-schuldig이라는 독일어에 주목해보자. 이 말 속에는 '탓'이 담겨 있다. 이 낱말은 '탓'을 부정하는 접두사 un이 붙어 "무책임한, 순진한"이라는 의미를 만들어낸다. 그런데 이 낱말을 하이데거의 상용어법에 비추어 해석할 수 있다. 섬뜩함Un-heimlichkeit이라는 말을 해석하면서 하이데거는 양심의 목소리가 자기의 목소리인데도 낯설게 들릴 수밖에 없음을 보여주기 위해 Heim(집)이라는 의미소를 포함한 정반대 의미의 낱말을 사용했다. 같은 맥락에서 un-schuldig는 시인의 순진무구함이 본래적인 자기의 '탓'을 탁월하게 이해하고 있음에도 불구하고 일상인의 눈에는 도리어 무책임하고 비현실적인 모습으로 비친다는 사실을 보이기 위한 용어로 해석될 수 있다. 그래서 '순진한' 시인은 위력적인 세인의 목소리를 흘려듣고 자기 본래의 "탓"의 목소리를 귀담아듣는다.

   양심의 목소리를 듣고 그 소리에 따라 말하는 것, 그것은 다름 아닌 진솔한 자기고백이다. 양심의 목소리는 "인식의 언어"가 아니라 "고백의 언어"로 말한다.[25] 그런데 고백에는 자신이 지은 죄를 뉘우치는 회한의 고백도 있고, 감미로운 사랑의 고백도 있으며, 흐림 없는 눈빛으로 사물에게 건네는 고백도 있고, 신 앞에서 혹은 죽음에 임박하여 절규하며 내뱉는 고백도 있다. 어느 고백이든 간에 그것이 고백이려면, 자기 존재 전체의 무게를 실은 진실성이 담겨 있어야 하며, 다른 무엇에도 아랑곳하지 않는 자기 본래의 순진무구함이 담겨 있어야 한다. 어쩌면 이런 고백이야말로 본래적인 자기존재를 확인하는 궁극적인 방법일지도 모른다. 자기를 찾는 유일한 길일지도 모른다. 하이데거의 양심은 일차적으로 이런 자기의 본래성을 회복하는 길로서 이해되어야 한다.

그런데 만일 이런 의미로 양심을 새기지 않는다면, 양심은 한 갓 외재적인 사회규범이 내면화된 것으로 치부되기 쉽다. 특히 양심의 목소리에서 본래적인 자기의 순진무구함이 삭제된다면, 그래서 결국 양심의 목소리가 자기를 강제하고 억압하는 규율의 목소리로만 들린다면, 규범의 '주관화' 또는 공격본능의 가혹한 '내면화'라는 빗발치는 비판의 목소리에 밀려 양심은 발붙일 곳을 잃고 말 것이다. 이런 견해를 대표하는 두 사람으로 헤겔과 니체를 꼽을 수 있다. 헤겔은 말한다. "선의 추상적 성격으로 인하여 이념의 또다른 계기인 특수성 일반이 주관성 속으로 떨어진다. 여기서 주관성이란 그 자체 내로 반성된 특수성의 보편성 속에서 자기 안의 특수성의 절대적인 자기확신이다. 특수성을 정립하고 규정하며 결정하는 것, 그것이 곧 양심이다." 헤겔은 양심의 주관성이 초래하는 자의성을 경계하는 수준에서 그치지만, 양심을 계보학적으로 파헤치는 니체의 비판은 더욱 신랄하다. 니체에 따르면, "적의, 잔인함과 박해, 급습이나 변혁이나 파괴에 대한 쾌감—그러한 본능을 소유한 자에게서 이 모든 것이 스스로에게 방향을 돌리는 것, 이것이 '양심의 가책'의 기원"이다. 양심의 가책을 발명한 자는 공격본능을 내면화할 수밖에 없는 "원한의 인간"이고, "양심의 가책이야말로, 자기학대를 하고자 하는 의지야말로 비이기적인 것의 가치를 낳는 전제"이며, 결국 이런 기원에서 유래한 양심의 가책은 일종의 "병"일 뿐이다. 이런 두 견해는 모두 양심을 법(특히 형법)으로 표상하고 있다.[26]

양심의 목소리는 순진무구하다. 그 목소리는 자기 본래의 순진무구한 목소리다. 이 순진무구한 양심 개념은 전통적인 윤리의 범위를 초과하는 개념이다.[27] 왜냐하면 전통적인 윤리는 '탓'의 '아님'을 한갓 "~하지 말라/~하면 안 돼"라는 금기의 틀에 가두었기 때문이다. 하이데거 양심 해석의 탁월함은 인간의 결핍 또는 죄책감을 인간 존재의 심연에 뿌리를 두고 있는 낯선 '아님'의 목소리로 해석해냈다는 점에 있다. 현존재의 심연에서 울려오는 아님의 목소리는 순진무구한 자기 목소리다. 그리고 이렇게 폭넓고 깊이 있는 목소리 속에 예술가의 목소리도 속해 있다.

지금까지 우리는 하이데거의 실존론적 양심 해석에서 실마리를 찾아, 예술가들의 비-일상적인 모습을 인간 본연의 자기목소리와 연관지어 해석해보았다. 전통적으로 예술가들을 규정하는 '신들림, 광기, 영감, 천재' 등등은 모두 자기 목소리의 '낯섦'에서 비롯된 것이며, '자기 본래의 목소리'라는 근원적 사태를 지칭하는 말들이다. 예술가는 자기 목소리를 낼 수 있는 자이며, 유한한 인간 심연에서 울리는 본래적인 자기 목소리는 낯설고 섬뜩할 수밖에 없기 때문에, 예술가는 일상인의 눈에는 비범하게 보일 수밖에 없다.

이런 해석을 통해 '예술과 도덕의 관계'에 대한 하이데거의 입장이 좀더 선명하게 그려질 수 있다. 양심의 자기 목소리를 듣는 예술가는 인간의 본질에 맞는 세계를 건립한다. 그런 세계 속에서만 인간은 머물 수 있고 거주할 수 있다. 처음 일상인의 귀에는 낯설고 이해할 수 없는 목소리라 하더라도, 예술가의 자기 목소리에 인도된 작품 창작은 결국 인간 본연의 거주공간을 기획하고 짓는 일이 된다. 그 때문에 그렇게 창작된 예술작품은 인간의 거주공간을 마련해준다는 점에서 윤리적일 수밖에 없다. 왜냐하면 하이데거에게 윤리^{ethos}의 근원적인 의미는 바로 인간의 "거주 장소"(GA9, 『이정표2』 171)를 뜻하기 때문이다. 그러므로 순진무구한 양심의 목소리, 즉 자기 본래의 목소리를 따르는 것은 윤리적 인간과 예술적 인간이 되는 동근원적 조건 이다.

　양심의 목소리가 희미해지면서, 점차 예술과 윤리의 목소리는 서로 갈라지고 찢어진다. 점점 그 목소리는 날카로운 음향으로 바뀌어간다. 시나브로 우리를 감동시키는 목소리의 힘, 목소리 본래의 유인력은 사라진다. 우리 존재 깊숙이 파고드는 목소리는 사라지고 고막을 찢을 듯한 소음만 남은 궁핍한 이 시대에 하이데거는 예술과 윤리 양자의 근원적인 접점, 즉 현존재의 풍요로운 목소리를 들으려 했던 철학자로 남아 있다.

* 이 글은 『철학탐구』 제16집(2004)에 발표된 바 있다.

앞선 장들에서는 하이데거의 주요 개념, 특히 죽음과 양심 개념을 통해 예술을 이해해보았다. 이번 장에서는 하이데거의 철학 개념을 가지고서 어떻게 구체적으로 예술작품을 분석할 수 있는지를 살펴볼 것이다. 당연한 말이지만, 작품분석이 빠진 이론은 공허하다. 더군다나 어느 이론이든 그것을 공부할 때에는 '지금 이곳'의 실효성을 확인할 필요가 있다. 물론 이 글은 소박하게는 하이데거 예술철학을 단순히 소개하는 글이다. 그러나 소개를 잘하기 위해서라도 철학하는 사람 말고 하이데거를 알고 있는 예술가의 도움이 필요하다. 나는 이런 취지를 살리기 위해서 우리에게 친근한 예술가의 작품 하나를 분석하고자 한다.

시인 김수영이 하이데거 철학에 경도되어 있었다는 사실은 이미 널리 알려져 있고, 국내의 몇몇 학자들이 벌써 그 시인과 철학자의 연관성을 살펴본 바 있다.[28] 이런 상황에서 내가 선택한 작품은 김수영의 시 「눈」이다. 나는 이 작품을 파격적으로 해석할 것이다. 기존의 대다수 작품해석 방향에 따르면, 작품의 제목이자 작품 속에 등장하는 '눈'은 하늘에서 내리는 눈雪으로 읽혔다. 그러나 나는 그것을 보는 눈目으로 해석한다. 한국어에서 눈은 동음이의어로서 두 의미소를 모두 포함하고 있다. 이처럼 눈을 보는 눈으로 해석할 수 있는 결정적인 근거는 시의 3연에 등장하는 '죽음' 때문이다. 종전의 해석은 이 중요한 시어를 놓치고 있다. 그러나 죽음이란 시어를 진지하게 해석하고 김수영에게 미친 하이데거의 영향을 고려한다면, 눈은 하이데거적 의미의 존재의 눈 또는 죽음의 눈으로 해석된다.

해석의 묘지

눈은 살아 있다
떨어진 눈은 살아 있다
마당 위에 떨어진 눈은 살아 있다

기침을 하자
젊은 시인이여 기침을 하자
눈 위에 대고 기침을 하자
눈더러 보라고 마음놓고 마음놓고
기침을 하자

눈은 살아 있다
죽음을 잊어버린 영혼과 육체를 위하여
눈은 새벽이 지나도록 살아 있다

기침을 하자
젊은 시인이여 기침을 하자
눈을 바라보며
밤새도록 고인 가슴의 가래라도
마음껏 뱉자

「눈」(1956)[29]

　이것은 김수영의 유명한 시 「눈」의 전문이다. 시를 읽어보면
'눈'과 '젊은 시인', '기침' 그리고 '죽음' 등이 등장한다. 각각의
시어들은 언뜻 보기에 서로 긴밀하게 연결되지 않는다. 김수영
의 다른 작품들처럼 시 전체가 알기 쉬운 서사를 통해 내용을
전달하고 있지는 않다. 그러나 첫 구절의 첫인상부터 강렬한 이
미지를 우리의 뇌리에 새겨넣는다.
　우선 일상의 상식에 기대어 차근차근 시에 접근해보자. 이 시
가 그려보이는 장소는 집 앞마당쯤 되어보이며, 때는 이른 아침
이다. 기나긴 겨울밤 동안 시나브로 눈이 내렸고, 흰 눈이 소복
하게 마당을 덮고 있다. 순백의 차가운 눈이 도리어 시적 화자
에게는 살아 있는 듯 보인다. 하늘 저 멀리에서 추락했지만 눈

은 안전하게 살아 있다. 녹지 않고 그대로 남아 있다. 그것도 "새벽이 지나도록" 여전히 살아 있다. 지상에 떨어져 시간이 꽤 지났음에도 불구하고, 순수하고 차가운 죽음의 이미지에도 불구하고, 눈이 흩어져 사라지지 않은 것을 보고 시인은 눈이 살아 있다고 느꼈을지도 모른다.

하얀 눈을 바라보며 시적 화자(아마도 시인 자신인 듯하다)는 젊은 시인들에게 그 살아 있는 눈을 향해 '기침'을 하고 '가래'라도 뱉자며 권유하고 있다. 이 지점부터 시는 점차 난해해지기 시작한다. 눈 내리는 자연현상과 젊은 시인에게 보내는 메시지가 중첩되고 있기 때문이다. 쉽게 해독되지 않는 알레고리와 상징이 꿈틀거리기 시작한다. 도대체 살아 있는 눈은 무엇을 뜻하고, 젊은 시인이 눈을 향해 뱉는 기침과 가래는 무엇이며, 시인에게 그런 이상한 권유를 하는 까닭은 무엇인가? 단순히 젊은 시인들에게 밤새 내린 눈에 대고 기침해보라고 축자적으로 해석하는 것은 이 작품을 우스꽝스럽게 만들 따름이다. 그렇다면 어떻게 이 시를 해석하면 좋을까?

먼저 이 시가 쓰인 당시의 시대상황과 연관지어 수수께끼 같은 상징의 코드를 대충이나마 해독할 수 있다. 살아 있는 '눈'은 냉혹하고 무자비한 당시 독재권력을 빗댄 것이고, '기침'과 '가래'는 시인의 독설적인 시를 비유한 것이며, 따라서 이 시는 젊은 시인이 그 권력에 대고 날카로운 비판과 풍자의 시를 써야 한다는 의미를 함축하고 있다. 긴 고난의 겨울밤을 지새우면서 시인은 온갖 울분과 분노를 '마음놓고' 시를 통해 쏟아내야 하며, 그럼으로써 희망에 빛나는 새벽을 준비해야 한다. 차가운 눈을 녹여내는 뜨거운 가래를 내뱉는 일, 즉 불의한 현실을 허물 수 있는 비판과 저항의 시를 창작하는 일이 젊은 시인의 사명이다.

이런 해석은 시 이해를 도와준다. 많은 경우 이 해석처럼 시인의 삶과 작품 창작의 사회·정치적 배경을 통해 작품 의미의 난해성을 어느 정도 해소할 수 있다. 그러나 이런 종류의 해석만이 유일한 해석일 수는 없으며, 이 해석이 놓치고 있는 부분을 잊어서도 안 될 것이다. 이 해석은 특히 3연 "죽음을 잊어버린 영혼과 육체를 위하여 / 눈은 새벽이 지나도록 살아 있다"라는 구절을 스쳐지나간다. 또는 이 구절에 이르러 막힘없이 흐르던 해석이 미궁 속으로 미끄러져, 결국 그곳에서 헤어나오지 못한다는 느낌을 준다. '죽음'이란 시어 하나가 지금까지 믿음직스럽던 해석들의 묘지마냥 우뚝 서 있다. 아무리 해석하려고 해봐도 죽음이라는 말 한마디는 그 어떤 해석도 허용하지 않는 듯 보인다. 도대체 여기서 죽음을 잊는다는 것은 어떤 의미인가? 죽음망각에 빠진 사람을 위해 눈이 살아 있다는 말은 어떻게 이해되어야 할까? 기존 해석을 어색하고 무력하게 만드는 해석의 맹점, 해석의 무덤이 바로 '죽음'이라는 시어이다. 죽음이라는 말이 눈에 들어오자마자, 더이상 사회·정치적 시대배경만으로 시를 해석할 수는 없다. 이 지점부터 철학적 해석이 도움을 줄 수 있다. 왜냐하면 철학은 예로부터 '죽음의 수련'으로서 죽음에 깨어 있는 사유를 뜻해왔기 때문이다.

시인과 철학자

김수영은 한때 하이데거를 탐독했다. 하이데거의 릴케론을 비롯하여 몇몇 저작을 읽은 것으로 보인다. 하이데거에 대한 전문적인 연구는 말할 것도 없고 제대로 그의 철학이 국내에 소개되지 못했던 당시 상황을 고려한다면, 시인 김수영이 하이데거 독서에 몰두했던 것은 매우 이례적이라고 하지 않을 수 없다. 다음의 고백을 들어보면 김수영이 얼마나 하이데거 공부에 전념했는지를 어렴풋하게나마 짐작할 수 있다. "요즘의 강적은 하이데거의 「릴케論」이다. 이 논문의 일역판을 거의 안 보고 외울만큼 샅샅이 진단해보았다. 여기서도 빠져나갈 구멍은 있을 텐데 아직은 오리무중이다. 그러나 뚫고나가고 난 뒤보다는 뚫고나가기 전이 더 아슬아슬하고 재미있다."(전집2, 260)[30] 단지 시인과 철학자 사이의 이런 지적 인연 때문만이 아니더라도, 몇 가지 점에서 김수영의 '죽음'을 이해하기 위해서는 하이데거를 살펴볼 필요가 있다.

첫째, 플라톤을 비롯한 많은 서양 철학자들은 죽음을 극복하고 초월하기 위해 죽음 너머를 사유한다. 그에 비해 하이데거는 죽음 너머가 아니라 죽음이라는 사태 그 자체에 집중하면서 죽음을 철저히 삶의 조건, 사유의 조건, 철학의 조건으로 설정한다. 다시 말해서 삶을 직조하는 날줄로서 고유한 삶을 구성하는 죽음, 실존적 삶 속에서 수행되는 죽음을 사유하고 있다. 하이데거는 이른바 '유한성의 철학'을 철두철미 관철시키고자 한다. 이런 의미에서 하이데거가 유한성의 철학자라면, 김수영은 유한성의 시인이다. 김수영에 따르면, '사랑'과 함께 '죽음'은 "만인의 궁극의 문제이며, 모든 문학과 시의 드러나 있는 소재인 동시에 숨어 있는 소재로 깔려 있는 영원한 문제이며, 따라서 무한히 매력 있는 문제"이다.(전집2, 406) 단순한 소재 차원을 떠나서 죽음은 시의 영원한 문제로, 더 나아가 시와 시짓기의 본질적 문제로 이해된다. 단적으로 시를 "자기의 나름의 스타일을 가지고 죽어야 한다"(전집2, 407)는 말과 연결짓는 그의 생각에서 그것을 엿볼 수 있다. 그래서 심지어 그는 "모든 시론은 이 죽음의 고개를 넘어가는 모습과 행방과 그 행방의 거리에 대한 해석과 측정의 의견에 지나지 않는다"(전집2, 407)라고 말하기도 한다.

둘째, 하이데거는 어느 철학자보다도 긴밀하게 죽음을 인간의 본질과 연관짓는다. 그는 초기 『존재와 시간』을 비롯하여 『철학에의 기여』와 기타 여러 곳에서 죽음에 관한 사유의 자취를 남기고 있다. 그가 이렇게 끊임없이 죽음에 천착하는 것은 인간의 본질을 죽을 수밖에 없는 자로 보기 때문이다. 하이데거는 인간을 근원적으로 '지성이 뛰어난 동물'이라기보다는, 죽음을 직시하고 사유하여 자기만의 고유한 죽음을 이행할 수 있는 존재자로 본다. 그리고 그렇게 죽을 수 있는 인간만이 자기 존재는 물론이고 타자의 존재를 문제삼을 수 있으며, 그럼으로써 결국 존재를 밝히고 증언할 수 있다. 이렇듯 죽음으로써 존재를 증언하는 인간, 그런 인간의 본질을 수행하는 자를 하이데거는 '시인'과 '사유자'로 명명한다.

마지막으로 하이데거는 시인과 사유자의 친밀한 관계에 관해 말한다. 그에 따르면, 시인과 사유자 모두 존재의 목소리를 듣고 응답하는 자이다. 그 둘의 언어는 서로 다르지만 같은 사태, 즉 존재언어에 공속해 있다. 그러나 어찌 보면 시인과 사유자 사이를 말한다는 점이 그다지 새로운 일은 아니다. 많은 서양 철학자들이 끊임없이 다루어온 주제이기 때문이다. 하지만 하이데거의 관계설정은 여타의 시도와는 사뭇 다르다. 그는 서양 철학 전체의 역사를 회상하면서 철학사를 비판적으로 되짚어본다. 서양 지성사를 '존재망각'의 역사라고 규정짓는 하이데거는 그 망각이 이루어진 시점을 시와의 관계 단절이 일어난 시점에서 찾는다. 말하자면 서양 철학사에서 시와의 결별 사건이 존재망각과 연관되어 있다는 말이다. 그리고 그것은 죽음을 대하는 태도의 변화와도 밀접한 관계가 있다.

소크라테스의 꿈

철학과 시의 결별, 존재망각, 죽음 사이의 숨겨진 알리바이를 재구성해보는 데 있어 플라톤은 중요한 일화를 전해주고 있다. 플라톤 『파이돈』의 기록에 따르면, 뜻밖에도 소크라테스는 죽기 직전 시를 지었다고 한다.[31] 어떻게 보면 이것은 거의 상상하기조차 어려운 일이다. 법정 최후 변론에서까지 시인들의 지적 허영을 비난하던 소크라테스가 시를 썼다는 것은 쉽게 이해되지 않는다.[32] 서양 철학의 아버지이자 죽기 직전까지 죽음을 전혀 두려워하지 않은 철학의 순교자, 소크라테스가 죽음에 임박하여 다른 것도 아닌 시를 지은 까닭은 무엇일까? 철학에 몰두하며 평생 시와는 무관하게 살아온 소크라테스가 아니던가?

플라톤의 기록에 따르면, 소크라테스는 일평생 같은 꿈을 반복해서 꾸었다고 한다. 그 꿈에서 "소크라테스여, 시를 지어라. 그리고 일

죽기 직전 시를 지었다는 철학자 소크라테스.

삼아 시를 지어라"라는 목소리가 들려왔다는 것이다. 평소 '철학이 가장 위대한 시'라고 생각해온 그는 자신이 하고 있는 일에 전념할 것을 고무하는 꿈이라고 해몽했다. 그러다 죽음을 앞두고 소크라테스는 이런 평소의 해석을 의심한다. 그래서 그는 감옥에서 아폴론을 찬미하는 시를 짓고 이솝우화를 운문으로 바꾸는 일에 전념한다. 죽음에 임박하여 "양심에 께름칙한 것이 없게 하느라" 꿈이 지시한 그대로 시를 지었다는 것이 소크라테스의 또다른 변명이다. 그렇다면 소크라테스는 '철학이 가장 위대한 시'라던 평소의 생각이 한갓 자기 정당화에 불과하다는 것을 어느 정도 인정한 셈이다. 만일 꿈속의 목소리가 다이몬daimon의 목소리, 또는 양심의 목소리라면, 그리고 그 목소리가 계속 일생을 따라다녔다면, 분명 소크라테스는 서양 철학의 기초를 세우면서 불지불식간에 어떤 양심의 가책을 받아왔다고 해석할 수 있을 것이다.

그렇다면 철학의 아버지 소크라테스를 괴롭힌 양심의 가책은 무엇이었을까? 일단 누구보다도 먼저 소크라테스의 꿈에 주목한 니체의 말을 들어보자. 니체에 따르면 소크라테스는 "이론적 인간"[33]의 전형으로서 에우리피데스와 함께 그리스 비극에서 음악정신, 즉 디오니소스적 요소를 제거시킨 장본인이다. 이론적 인식을 통해 모든 문제를 해결할 수 있다고 생각하는 "이론적 낙천주의"[34]의 시조, 소크라테스는 그리스 비극 예술을 타락시키고 합리성의 철학을 열어놓은 사람이다. 이런 소크라테스의 꿈에 관하여 니체는 다음과 같이 평가하고 있다.

> 소크라테스의 꿈속에 나타난 저 말은 논리적 본성의 한계들에 대한 의구심의 유일한 표지다. 아마도—그는 그렇게 자문하지 않을 수 없었으리라—내가 이해할 수 없다고 그것이 과연 비합리적인 것일까? 논리학자가 추방된 지혜의 왕국이 아마도 있지 않을까? 어쩌면 예술은 학문에 대한 필수적인 상관물이자 보충물이 아닐까?[35]

니체가 보기에 예술은 "삶의 최고 과제이자 삶의 본래적인 형이상학적 활동"[36]이며, 오늘날의 우리에게 "최고의 스승"[37]인 "그리스인들을 구원한 것은 예술"이고 "예술을 통해서 스스로를 구원한 것은 삶"[38]이다. 그리스인들에게 구원의 예술은 비극이었는데, 그것은 아폴론과 디오니소스라는 두 대립하는 원리의 "결혼"[39]의 결실이다. 주지하다시피 니체는 아폴론(조형예술, 형상, 꿈, 개별화)과 디오니소스(음악, 무형상, 도취, 근원적 전체존재)의 두 축을 중심으로 그리스 비극이 탄생했다고 본다. 한편으로 인간은 개체의 고통스러운 삶을 견디기 위해 아폴론적 가상세계를 구축하고, 다른 한편으로는 개체성을 포기하고 전체와의 황홀한 합일을 욕망한다. 니체적 관점에서 인간을 구원했던 예술, 즉 그리스 비극은 본질적으로는 디오니소스 합창단이고, 비극의 연극적 요소는 그 합창단의 디오니소스적 음악이 자기를 아폴론적으로 감성화·형상화한 것이다.[40] 그런데 이런 비극이 점차 퇴조할 무렵 이론적 인간 소크라테스가 등장해 비극의 몰락을 가속화시킨다.

소크라테스는 시와 결별을 선언한 최초의 철학자이다. 그는 신화적 세계와 결별한 최초의 합리론자이고 계몽의 선구자이며 이론적 낙천주의자이다. 그런데 니체적 관점에서 소크라테스는 디오니소스 정신을 망각한 아폴론의 돌연변이에 불과하다. 니체에 따르면, 디오니소스가 없는 아폴론은 없다. 그 때문에 소크라테스는 아폴론의 진정한 적자도 아니다. 개체의 생멸을 주관하는 디오니소스를 망각한 소크라테스는 좁은 논리의 세계만을 고집하는, 근원적 창조성이 고갈된, 왜소한 불임의 난쟁이로 그려진다. 소크라테스는 아무것도 모른 채 "다만 본능에서" 작품을 창작하는 예술가를 비난한다. 반면 소크라테스의 다이몬을 "본능적 지혜"로 해석하는 니체는 "모든 생산적인 인간들의 경우 본능은 바로 창조적이고 긍정적인 힘이며 의식은 비판적이고 경고적인 역할을 갖는 데 반해서, 소크라테스의 경우에는 본능이 비판자이며 의식이 창조자가 된다"[41]며 소크라테스적 인간형의 "이상발육"을 비판한다. 요컨대 니체를 따른다면, 소크라테스는 과도한 인식욕망 때문에 삶을 구원하는 예술과 결별

함으로써 창조적인 눈을 상실한 외눈박이 거인족 "키클롭스"[42]
이다.

그런 소크라테스가 반복적으로 꿈속에서 어떤 목소리를 듣는
다. 다이몬의 목소리처럼, 양심의 목소리처럼 그 목소리는 소크
라테스에게 시를 쓰라고 명령한다. 꿈속의 목소리는 시와 결별
한 이에게 시를 쓰라고 말한다. 소크라테스는 그 목소리를 받아
들이지 못한다. 철학이 시라고 강변하면서 자기정당화에 빠져
든다. 그러나 결국 죽음에 임박해서 소크라테스는 시를 쓴다.
니체의 말처럼 그 목소리가 "논리적 본성의 한계들에 대한 의
구심"에서 기인한 것이라면, 소크라테스의 시짓기는 소크라테
스가 죽음 앞에서 논리 밖의 삶의 세계를 응시해보고자 했음을
뜻한다. 시와의 재회를 희구했음을 뜻한다. 그런데 이 모든 것
은 죽음과의 만남을 통해서 가능했던 일들이다.

니체가 소크라테스를 디오니소스의 망각이라고 비판했다면,
하이데거는 존재망각이란 말로 비판한다고 볼 수 있다. 존재자
가 '아닌' 존재의 망각이 서양 최초의 형이상학자 소크라테스에
게서 시작된다. 소크라테스는 존재자의 근거로서 존재를 파악
하고, 근거들의 연쇄를 통해 모든 것을 설명하고자 한다. 그런
데 그런 근거는 존재가 아니라 또다른 존재자일 뿐이다. 존재자
들의 추상적 보편자인 존재의 근거는 존재자성으로 이해된 존
재에 불과하다. 여기서부터 존재망각은 시작된다. 그리고 그 망
각의 시점은 시와의 결별 순간과 일치한다.

그런데 그의 망각을 일깨우는 목소리가 꿈속에서 들려온다.
시를 지으라는 소리가 하나의 강박으로 반복된다. 여기서 시는

철학이 존재를 존재자의 근거로서 투명하게 확보하기 이전의 상태, 즉 존재를 존재자로 환원하려는 욕구가 일어나지 않았던 상태를 뜻한다고 볼 수 있다. 하이데거에 따르면, 존재론적 차이를 망각하기 이전의 상태에서 시와 철학은 상호 배제적 관계가 아닌 상호 공속적 관계를 맺고 있었다. 왜냐하면 하이데거적 시각에서 시인과 사유자는 모두 존재언어를 경청하는 자들이기 때문이다. 그런데 소크라테스가 존재망각에서 잠시 동안이나마 벗어나는 계기는 무엇이었던가? 이따금씩 꿈에서 들려온 다이몬의 목소리를 제대로 듣고 받아들인 것은 언제이던가? 죽음에 임박해서이다. 임박한 죽음 앞에서 소크라테스는 자신이 평소 비합리적이라 매도했던 시를 쓰게 된다. 그렇다면 어떻게 죽음이 그런 계기를 마련해주는 것일까?

죽음과 존재

생각해보면, 죽음에 관해 우리가 아는 바는 전혀 없다. 죽어보지 않고는 죽음을 논할 수 없으며, 죽음을 논하기 위해서는 죽지 않아야 한다. 물론 타인의 죽음을 관찰할 수는 있다. 그렇지만 아무리 타인의 죽음을 객관적으로 기술하거나 그 죽음에 감정이입한다 하더라도, 그런 관찰과 감정이입은 피상적일 수밖에 없다. 죽음이 한 생명체의 존재 불가능성을 뜻할 때, 그 생명체의 자기 죽음은 결코 경험할 수 없다. 관찰에 의존해 타자의 죽음을 논할 수는 있어도 자신의 죽음을 말할 수는 없다. 그래서 죽음이 결국 자기 존재의 죽음이라면, 그런 죽음 앞에서 죽음에 관한 모든 사변과 진술은 좌초될 수밖에 없다.

　알 수도 경험할 수도 없는 죽음은 우리의 가능성들이 모두 소진되는 소실점이다. 그러나 언표 불가능하고 파악 불가능하며 경험 불가능하다고 해서 죽음에 무관심할 수도 없다. 왜냐하면 죽음은 과거와 현재 그리고 미래의 자기존재 모두를 무화시키는 것으로서 삶의 시작부터 전체 삶과 긴밀하게 연관되어 있기 때문이다. 살아온 과거와 살아 있는 현재 그리고 살아갈 미래 '전체'가 한꺼번에 함몰되는 지점이기 때문이다. 더구나 그 함몰의 소실점은 아주 멀리 떨어져 있는 것도 아니다. 그것은 지금 당장이라도 닥쳐올 수 있는 지근거리에 있다. 애써 외면하고자 온갖 수단을 동원하더라도, 죽음은 어김없이 그것도 예정 없이 다가온다. 마치 삶의 이면에 놓여 있기라도 하듯, 그것은 가까이에 있지만 단지 보이지 않을 뿐이며, 보고 싶지 않을 뿐이다.

　'불가능성의 가능성'. 하이데거에 따르면 죽음은 이처럼 역설적인 모습을 간직하고 있다. 이미 언급했듯이 죽음은 인식과 경험에 있어서 불가능의 지대에 자리잡고 있다. 그래서 어쩌면 그것을 말할 수도 생각할 수도 없다. 그러나 '그럼에도 불구하고' 우리 인간의 삶은 죽음을 배제하고는 생각할 수 없다. 죽을 자인 인간에게 살아간다는 것은 죽어간다는 말과 같기 때문이다. 더구나 삶에 대한 사유는 죽음과의 대면 속에서 일어날 뿐만 아니라, 앎이 한계를 정하는 규정행위에 입각해 있을 때 삶에 대한 이해는 삶의 경계인 죽음을 전제한다고 할 수 있기 때문이다. 그래서 삶을 사유하자마자 우리는 죽음을 사유하지 않을 수 없다. 더 나아가 인간은 자기의 고유한 삶을 살 수 있듯 자기의 고유한 죽음을 죽을 수 있다고 말할 수 있다.

이제 죽음은 그저 삶의 바깥에 놓여 있는 것으로 설정되는 것이 아니라, 삶과 하나를 이루는 역설적인 모습으로 등장한다. 그리고 삶의 반대편에서 삶과 무관하게 설정되는 죽음은 논의에서 배제된다. 문제는 역설적 죽음이다. 즉 가능성 안으로 진입한 불가능성이며, 삶의 내부로 침입한 죽음이다. 다시 말해 불가능성의 가능성, 삶 속의 죽음이 문제로 부각된다. 그렇다면 죽음이 불가능성의 가능성이라는 말은 어떤 뜻인가? 결론부터 말하자면, 죽음, 즉 초월 불가능한 극단의 가능성을 '선구'하여 기존의 모든 것을 무화시키고 그로부터 해방되어 새롭게 자기 가능성을 '결단'함으로써 죽음을 삶 속에서 수행하는 것을 뜻한다. "선구하는 결단은 죽음을 '극복'하기 위해 고안된 탈출구가 아니라, 죽음에게 현존재의 **실존**을 **지배**하게 해서 모든 도피적인 자기은폐를 산산조각낼 가능성을 자유롭게 내어주는, 양심의 부름을 따르는 이해이다."(GA2, 412: 원문 강조) 그 결단의 순간에 우리는 누구도 대신할 수 없는 자기의 전체 삶과 죽음을 '동시에' 얻을 수 있다. 이러한 관점에서 보자면, 이미 언급한 소크라테스의 꿈과 그 꿈의 이행(시짓기)은 죽음에의 선구적 결단, 즉 양심의 목소리를 따르는 본래적인 자기이해로 해석할 수 있다.

"불가능성의 가능성"이란 말에서 '불가능성'은 더이상 존재할 수 없음을 뜻한다. 존재할 수 없기에 인식할 수도 경험할 수도 없다. 다시 말해 존재 불가능성에서 인식과 경험의 불가능성이 유래한다. "불가능성의 가능성"이란 말에서 '가능성'은 불가능성을 이행하는 실존을 뜻한다. 같은 말이지만 인간 현존재가 불가능성과 '관계'할 수 있음을 뜻한다. 인간은 죽음과의 관계 속에서 삶을 변형시킬 수 있다. 쉽게 말하자면 존재 불가능성과의 대면 속에서 이전까지 보이지 않던 자신의 여타 가능성들이 열린다. 불가능하게만 여겨진 것들이 가능한 선택지로 떠오른다. 그런 선택 상황에서 자기존재를 결단하는 것, 그것이 바로 불가능성의 가능성인 죽음을 삶 속에서 수행하는 것이다. 그리고 이것이 하이데거가 말하는 죽음의 실존론적 의미다.

초기 하이데거는 존재를 묻는 인간 현존재를 분석함으로써 존재에 접근하고자 시도한다. 그런데 현존재는 죽음을 향해 있는 존재이며, 죽음을 향한 선구적 결단을 통해 자기 존재에 이를 수 있는 존재이다. 그런 인간의 자기 존재는 결국 존재를 밝히는 자로 드러난다. 이런 하이데거의 생각은 후기에 와서도 한결같이 이어진다. 존재에 자신을 내맡길 수 있는 인간은 죽을 수 있는 자이다. 죽을 수 있기 때문에 인간은 존재의 소리를 들을 수 있다. 물론 여기서 죽는다는 것은 생물학적으로 죽는다는 의미가 아니라, 불가능성을 모험함으로써 자기 존재를 변용시킬 수 있음을 뜻한다. 말하자면 존재 이해의 지평인 세계를 부단히 존재사건에 걸맞게 변용시킬 수 있고 더이상 존재사건을 적중시키지 못하는 세계를 무화시킬 수 있는 죽음을 뜻한다. 죽음은 여기서 존재자가 아닌 존재, 또는 무로 이어지는 길목을 뜻한다.

하이데거에게 존재는 존재자가 아니다. 서양 철학은 이 차이를 망각해왔다. 그 망각은 존재를 존재자성으로, 즉 존재자들의 근거, 뿌리, 기반, 실체로서 이해하고자 하는 시도에서 유래한다. 존재 이유를 찾으려는 집요한 욕망은 존재를 거듭 존재자로 만든다. 이런 망각을 일깨우기 위해 하이데거는 무를 말한다. 무를 단순히 존재 긍정으로 이행하는 필연적 계기인 부정으로 이해하는 것이 아니라, 무 그 자체를 긍정하고자 한다. 존재자가 아닌 무는 결국 '존재의 베일'이자 존재와 공속하는 것이다. 이는 적어도 존재가 단순히 존재자들의 근거나 이유일 수는 없다는 것을 보여준다. 존재자를 안전하게 관리·지배하기 위해 설정되는 존재는 무의 심연으로 빠져든다. 존재는 한갓 존재자에 불과한 인간이 그처럼 손쉽게 포착할 수 있는 것이 아니다. 어떤 점에서 존재자인 인간에게 존재는 도달 불가능하며 인식 불가능하고 경험 불가능하다. 그렇다고 그것에 무관심할 수도 없다. 왜냐하면 존재자는 그것이 존재하는 한, 존재의 지배 속에 있기 때문이다.

죽음에서 보았던 역설이 바로 존재와 인간과의 관계에서 다시 등장한다. 존재는 존재자인 인간에게 불가능한 영역에 속한다. 그러나 인간은 불가능한 죽음을 모험하는 존재자로서 불가능한 존재와 연관을 맺고 있다. 존재에 응대할 수 있고 증언할 수 있는 증인, 그것이 바로 하이데거가 생각하는 인간의 본질이다. 요컨대 인간은 존재를 묻는 자이자 죽음을 향해 있는 자로서 불가능한 존재와 죽음을 수행할 수 있는 자이다. 여기서 죽음과 존재는 모두 불가능한 것이면서 '동시에' 인간이 관계를 맺지 않을 수 없는 그 무엇을 뜻한다.

존재의 눈

"존재는 존재자가 아니다." 이것이 그 유명한 '존재론적 차이'
개념이다. 사람들은 존재를 자꾸 특정 존재자로, 고정된 실체
로, 주어(주체)로만 사유한다. 하이데거가 보기에, 존재는 그런
것이 아니다. 차라리 그것은 '시간'이고 그 '사이'의 운동이며,
동사적인 '사건'이다. 존재라는 말을 둘러싼 오해를 피하기 위
해서, 하이데거는 그 말을 아주 조심스럽게 사용한다. 심지어
그는 존재[Sein]라는 말 대신에, "존재가 있다/그것이 존재를 준다
[Es gibt Sein]"라고도 해보고, 고어체 Seyn이라고도, ×표를 그 글자
위에 표시하기도 한다.[43] 존재라는 말에 뿌리깊은 형이상학적
존재망각이 스며 있다고 판단한 하이데거는 그 말을 대신할 용
어로 존재사건[Ereignis]을 선택한다. 그리고 시시각각 변화하면서
도 제 각각의 고유성을 유지하는 존재의 모습을 존재사건으로
표현하고자 한다.

존재사건은 여러 가지 의미를 함축하고 있는 말이다. 일단 사
전적 의미로는 불현듯 일어나는 사건을 뜻한다. 독일어에서
Ereignis라는 말에는 eignen이라는 어간이 들어 있다. 이 어간
의 기본 의미는 '자기', '고유성', '소유'이다. 하이데거는 이 어간
을 최대한 활용하여 존재의 진면목을 드러내려 한다.[44] 존재사
건은 순간적으로 돌연히 일어나는 사건으로서 인과적 포착이

불가능한 사건이다. 존재사건은 시시각각 변화하는 시간에 호응하며 제각각 일어나는 사건이다. 그렇다고 단순히 우발적인 사건을 떠올려서는 안 된다. 하이데거의 사건은 언제나 새로운 차이 속에서 일어나지만, 그 차이를 통해서 존재(시간)의 동일성을 유지하는 사건이다.

한눈에 잘 보이지 않지만, 어원적으로 Ereignis에는 '눈^{Auge}'이 포함되어 있다. Ereignis는 er-äugen에서 파생된 말로서 '눈'과 '봄'을 뜻한다. 하이데거는 이렇게 밝힌다. "존재사건의 일어남이란 근원적으로 주시하다, 즉 불현듯 바라보다, 시선 속에서 스스로를 향해 부르다, 자기화하다를 뜻한다."(GA11, 26) 그렇다면 여기서 등장하는 눈은 어떤 뜻일까? 존재와 눈은 어떤 관련이 있는 것일까? 관련이 있다면, '존재의 눈'은 무엇을 뜻할까?

사실 '존재의 눈'이란 비유는 서양 철학에서 그다지 낯설지 않다. 서양 전통철학은 존재를 '빛'과 '눈'의 관계 속에서 이해했다. 서양 철학을 시작했던 민족, 특별히 하이데거가 동경했던 그리스인은 "눈의 사람들^{Augenmenschen}"이라 불렸다고 한다.(GA54, 215) 이런 전통 속에서 후기 하이데거는 자신의 존재를 (어원상 눈과 연관된) Ereignis라고 명명한 것이다. 그렇지만 하이데거는 형이상학적 전통을 그대로 답습하지는 않는다.

『존재와 시간』에서 '눈'은 '호기심^{Neugier}'과 연관지어 논의된다. 여기서 '눈'은 일상적인 현존재의 빠져 있음^{Verfallen}에 해당하는 잡담, 호기심, 애매함 가운데 호기심을 분석하는 문맥에서 등장한다. 그것도 존재망각에 빠진 전통철학과의 관련 속에서 등장한다. 파르메니데스 이래로 서양 철학사는 사유를 일종의 '봄'으로, 더 나아가 '순수직관'으로 이해한다. 아우구스티누스를 인용하면서 "봄의 기이한 우위"와 "눈의 탐욕"을 지적하는 하이데거는 호기심어린 눈, 즉 끊임없이 새로운 것만을 찾아 떠도는 일상인의 호기심 가득찬 눈을 묘사한다.(GA2, 234 이하 참조) 그러나 이런 눈은 현존재 자신의 눈의 본래성이 상실된 눈일 따름이다. 빛을 잃은, 죽은 눈일 뿐이다. 그에 반해서 본래적인 현존재의 눈은 존재를 응시하는 눈이다.

당연한 말이지만, 여기서 눈은 특정 신체기관을 지칭하지 않는다. "우리가 눈을 가지고 있기 때문에 보는 것이 아니라, 차라리 '볼' 수 있기 때문에 눈을 가지고 있다."(GA54, 217) 볼 수 있음이 눈을 만든다. 다시 말해서 우리 인간은 먼저 봄이고 볼 수 있기 때문에 눈이라는 신체기관을 가질 수 있다. 이 말은 결국 인간을 하나의 눈으로 빗댈 수 있게 해준다. 인간 현존재 자체가 봄이고 하나의 눈이다. 존재 역시 마찬가지로 눈이다. 그리고 인간의 눈과 존재의 눈, 그 둘 사이의 마주침이 바로 존재사건이다. 이렇게 표현한다고 해서 두 눈망울의 그윽한 응시를 떠올리는 것으로는 부족하다. 하이데거에게 존재도, 현존재인 인간도 실체적 대상이 아니기 때문이다. 그렇다면 존재의 눈망울에 맺힌 인간의 눈동자, 혹은 인간의 눈에 비친 존재의 눈망울을 떠올려보자. 여전히 두 눈동자를 말하는 까닭은 존재와 인간의 차이를 말하기 위해서이다. 둘은 하나로 통일될 수 없다. 그 양자는 무한히 '차이'를 내는 '사이'로만 존재한다. 이렇듯 하나의 눈동자에 어린 다른 눈동자는 무수히 차이나는 잔상들을 이루며 '깊이'를 얻어간다. 존재의 눈망울은 인간 시선이 빠져들면 들수록 뒤로 물러나는 깊이의 심연이다. 그리고 이 심연은 바로 불가능성의 죽음이 설정되는 곳이기도 하다. 한마디로 말해서 존재와 죽음은 '존재론적 차이'를 내는 불가능성의 사각지대이다.

죽음의 눈

이제 김수영의 시로 되돌아가보자. 이전에 우리는 눈을 하늘에서 떨어지는 눈雪으로 이해했다. 마당에 떨어진 눈은 자연스럽게 흰 눈의 이미지로 형상화된다. "눈은 살아 있다" 또는 "눈더러 보라고"라는 시구는 일상적인 화법에서는 쓰이지 않지만, 문학의 공간에서는 가능하다. 그러나 아직 다른 해석의 가능성이 남아 있다. 눈은 동음이의어로서 신체기관인 눈目일 수도 있다. 그렇다면 김수영의 시에서 눈을 보는 눈으로 해석할 여지는 없는 것일까?

사람은 죽을 때 눈을 감는다. 혼잡한 세상에 항시 열려 있던 눈을 감음으로써 망자는 고단했던 삶과 작별한다. 눈을 감으면서 망자는 죽음을 초연히 받아들인 듯 보인다. 반면 눈을 감지 않은 시체는 그 모습을 상상하는 것만으로도 섬뜩하다. 사별을 용인할 수 없다는 모습이다. 사정이 어찌되었든 간에 눈을 부릅뜨고 죽은 자의 모습은 우리에게 섬뜩함과 안타까움을 자아낸다. 망자는 육체의 눈을 감고, 새롭게 영혼의 눈을 떠야 할 것

같이 보인다.

우리의 시에서 눈은 살아 있다. 죽지 않고 살아 있다. 우리 가까이, 우리의 거주공간인 마당 위에 떨어진 눈은 살아 있다. 마당에 굴러떨어진 살아 있는 눈동자는 그 이미지만으로도 낯설고 끔찍한 모습이다. 그래서 어색한 비유일 수 있다. 그러나 이 비유가 전적으로 불가능한 것은 아니다. 이렇게 해석하면, "눈은 살아 있다", "눈더러 보라고"라는 시적 비유는 더이상 비유가 아니다. 대신 "떨어진 눈"이 시적 비유로 치환된다. 이제 김수영의 눈을 하이데거적 존재의 눈이라고 가정해보자. 존재의 눈은 살아 있다. 어느 곳에 떨어지든 존재의 눈은 살아 있다. 그것도 아주 가까운 거주공간에서 존재의 눈이 살아 우리를 지켜보고 있다. 그럼에도 "우선은 대개" 우리는 그 눈을 보지 못한다. 그 시선에 눈을 맞추지 못한다. 그러나 젊은 시인은 그 눈에 시선을 맞춰야 한다. 외면하지 않고 존재의 눈에 자신의 시선을 고정시키는 자가 시인이다. 그 눈맞춤의 사건에서 존재의 눈짓에 따라 시인은 기침을 하고 가래를 내뱉는다. 여기서 기침이나 가래는 시인의 언어를 뜻한다. 시인은 존재의 눈빛에 걸맞는 언어를 찾지만 그것이 쉽지는 않다. 그러나 존재의 흔적이 묻어 있는, 가슴에 고인 언어라도 자유로이 내뱉어야 시인이라 할 수 있다.

이미 살펴보았듯, 존재의 눈은 존재론적 차이를 내는 눈이고 그때마다 죽음을 수행하는 죽음의 눈이다. 그 죽음의 눈을 응시하는 자가 시인이다. 김수영에 따르면, "살아서 한 편 한 편의 시를 통해 죽음을 완료"(전집2, 178)하는 이가 시인이다. 끊임없이 과거의 나를 죽여야만 새로운 시를 쓸 수 있다. 존재론적 차이를 내는 창조는 죽음을 수반한다. 불가능한 존재에 접근하는 길은 불가능한 죽음을 선구하여 끊임없는 차이를 산출하는 방법밖에는 없다. 그렇기에 시인은 과거의 자신을 죽이고 배반해야 한다. "시인은 영원한 배반자다. ……그 자신을 배반하고, 그 자신을 배반한 그 자신을 배반하고, 그 자신을 배반한 그 자신을 배반한 그 자신을 배반하고…… 이렇게 무한히 배반하는 배반자다."(전집2, 189)

김수영에게 문화의 본질은 "꿈을 추구하는 것이고 불가능을 추구하는 것"(전집2, 159)이다. 하이데거 관점에서 문화란 존재에 화답하는 인간이 지상에 거주하는 공간을 짓는 일이라면, 인간은 차이의 창조를 통해서만 살아 있는 문화를 만들 수 있다. 그 거주공간 짓기 가운데 "탁월한 짓기"(GA7, 247)인 시짓기는 "무한대의 혼돈에의 접근"(전집2, 249)을 뜻하는 것으로서 온몸으로 밀고가는 시인의 "투신"을 요구한다. 그것은 곧 끊임없는 자기 죽음을 의미한다. 창조를 위한 죽음, 시적 죽음이 김수영의 '죽음'이다.

다음 시를 쓰기 위해서는 여직까지의 시에 대한 사변을 모조리 파산시켜야 한다 혹은 파산을 시켰다고 생각해야 한다. 말을 바꾸어 하자면, 시작詩作은 〈머리〉로 하는 것이 아니고, 〈심장〉으로 하는 것도 아니고, 〈몸〉으로 하는 것이다. 〈온몸〉으로 밀고나가는 것이다. 정확하게 말하자면, 온몸으로 동시에 밀고나가는 것이다.(전집2, 250)

이 글은 「시여, 침을 뱉어라」라는 강연문의 한 부분이다. 「눈」에서는 젊은 시인이 가래를 뱉었다면, 여기서는 시가 침을 뱉는다. 시인이 시가 되었다. 위 인용문은 "말을 바꾸어 하자면"이라는 말을 중심으로 두 개의 내용을 포함하고 있다. 다음 시를 쓰기 위해 지금까지의 시에 대한 모든 사변을 파산시켜야 한다는 내용과 시짓기란 "온몸으로 동시에 밀고나가는 것"이라는 내용을 담고 있다. 두 내용이 "말을 바꾸이 하자면"이라는 말로 연결되어 있다. 말하자면 '시'와 '온몸'이, '시짓기'와 '온몸으로 동시에 밀고가기'가 동일시되고 있다. 즉 시가 시인이 되었다. 여기서 다시 확인되는 것은 김수영에게 시는 시인이고 시인이 곧 시이다. 그렇다면 "여직까지의 시"와 "다음 시"는 지금까지의 시인과 앞으로의 시인을 뜻한다고 볼 수 있다.

인용문 "온몸으로 동시에 밀고나가는 것이다"에서 김수영은 '동시에'라는 말의 의미를 "온몸으로 동시에 온몸을 밀고나가는 것"으로 풀이하고 있다. 온몸으로 온몸을 밀고나간다는 것은 태산처럼 무거워 한곳에 꿈쩍 않는 몸을 전제한다. 새털처럼 가벼운 것이라면, 온몸으로 밀어붙일 필요가 전혀 없기 때문이다. 그 무거운 몸이 지금까지의 시인이다. 동시에 하이데거의 "일상적 우리^{das Man}"에 빠져 있는 우리 일상인의 모습이다. 그 무거운 몸을 움직이기 위해서는 온몸으로 밀어붙여야 한다. 온몸으로 밀어붙인다는 것은 온몸을 투신한다는 말이고, 곧 죽음이라는 불가능성의 가능성을 수행함으로써 새로운 가능성을 모색함을 뜻한다.

그렇다면 마지막으로 "죽음을 잊어버린 영혼과 육체"는 누구인가? 시인 자신의 지금까지 모습일 수도 있고, 일상에 젖은 우리 일상인들일 수도 있다. 하이데거적 '다스 만', 즉 일상인들은 죽음을 회피하고자 한다. 죽음을 회피하고 죽음을 모험하지 않고 죽음을 거부하기 때문에, 그들에게 남은 창조적인 실존 가능성은 거의 없는 것이나 마찬가지다. 온몸으로 돌파하지 않는 한 창조적 가능성은 주어지지 않는다. 그들에게 남은 것은 "기정사실"뿐이다. 그러나 "시의 현시점을 이탈하고" 또 "이탈하려고 애를 쓰는" 시인에게 "기정사실은 그의 적이다."(전집 2, 187) 기정사실에 안주하는 이에게 시시각각 일어나는 존재는 당연히 자신을 개방하지 않는다. 기정사실을 죽이고 기정사실에 안주하는 영혼과 육체를 죽여야만 존재를 있는 그대로 드러낼 수 있다. 죽음을 망각한 이에게 존재에 이르는 길은 막혀 있다.

그러나 그렇다고 일상인 자신의 노력만으로 존재를 응시할 수는 없다. 먼저 존재의 눈이 살아 있어 가까이에서 우리를 바라봐주어야 한다. 살아 있는 존재의 눈은 죽음을 망각한 우리를 바라보고 있다. 우리가 죽음을 망각하고 있는 동안에도 한결같이 존재의 눈은 우리를 지켜보고 있다. 그래서 죽음의 망각에서 깨어난다는 것은 우리를 줄곧 바라보고 있던 존재의 눈을 응시한다는 것이요, 우리가 그 눈에 눈맞춤하는 것은 곧 죽음을 응시한다는 말이다. 존재의 눈을 응시하는 것은 죽을 자인 인간에게 죽음을 응시한다는 말이다. 결국 살아 있는 존재의 눈은 인간에게는 죽음의 눈을 뜻한다. 불가능성의 눈이다. 그 죽음의 눈과 눈맞춤으로써 죽을 자인 인간은 그동안 집착해온 모든 것을 버리고 새롭게 다시 태어난다. 순간적으로 눈을 깜박이듯 말이다. 다시 뜬눈으로 인간은 시시각각 고유하게 일어나는 존재를 여실하게 바라볼 수 있다. 그래서 존재의 진실을 말할 수 있다. 존재의 눈에 대고 뱉는 시인의 '기침', 즉 시는 바로 이런 진실의 언어이다.

5장
하이데거의 미학적 기여

후기 하이데거는 '철학의 종언'을 선언하고 새로운 사유의 가능
성을 타진하는 과정에서 예술을 만났다. 그는 예술을 깊이 사
랑하고 존중했다. 예술 속에서 많은 것을 듣고 배우려 했다. 하
지만 그는 이론적으로 예술을 다루는 학문, 곧 미학을 경멸했
다. 그럼에도 이후 많은 미학자들은 그의 예술론에 깊은 영향
을 받았다. 하이데거 철학은 여러 분야로 확산되었지만, 특히
미학과 예술의 영역에서 그 기여가 두드러졌다. 지독한 독설이
도리어 약이 된 경우다. 이런 역설적 현상을 어떻게 해명할 수
있을까? 하이데거 철학이 미학적 기여를 한 바가 있다면, 도대
체 어떤 측면에서 그렇다고 말할 수 있을까? 여기서 우리는 이
물음들에 간단히 답해보고자 한다. 물음에는 언제나 답이 준비
되어 있다. 답이 없는 물음은 결코 물음이 아니다. 하지만 여기

서의 답은 정답正答이 아니라, 물음이 향하고 있는 존재의 응답應答이다.

전회와 예술

시기적으로 하이데거 철학을 둘로 나누는 전회는 1930년대를 기점으로 이루어진다. 그리고 전회를 말하는 1930년대와 예술에 대한 관심이 절묘하게 교차한다. 물론 하이데거 자신이 작성한 이력서를 보면, 그가 이미 청년기부터 많은 문학서적을 탐독했다는 것을 알 수 있다. 그 무렵의 하이데거는 이미 횔덜린, 도스토옙스키, 릴케, 트라클 등의 책들을 탐독했으며, 그들로부터 커다란 지적 자극을 받았다.(GA1, 56) 어릴 때부터 문학과 예술에 관심이 있었다고 해도, 하이데거가 철학적 사유의 장 속에서 본격적으로 예술을 언급한 것이 1930년대 들어서라는 점은 부인할 수 없다. 그렇다면 예술과 전회와는 모종의 연관관계가 있다는 가설을 세우는 것에 큰 무리는 없을 것이다.

하이데거에게 전회는 서구 형이상학 비판을 더욱 철저히 수행한다는 것을 의미한다. 즉 서구 형이상학을 해체하고 극복하겠다는 자신의 원래 기도를 가속화한다는 것을 뜻한다. 『존재와 시간』의 방식으로는 더이상 가속도를 낼 수가 없었다. 잘 알려져 있다시피, 그 책은 미완성으로 그친다. 하이데거는 자신의 주저를 완성하고자 했으나 그러지 못했다. 그 책의 틀을 고집해서는 안 되었기 때문이다. 현존재 분석에서 존재에로 나아가는 방식은 형이상학적 개념(특히 근대 주체 형이상학)의 무게로 말미암아 더이상 진척될 수 없다. 그래서 하이데거는 "존재자 없이"(GA14, 23) 존재를 묻고자 한다.

물론 이런 전회의 급박함은 하이데거의 절박한 현실인식에서 유래한다. 하이데거에게 현대는 기술문명의 시대이고, 기술문명은 서양 형이상학의 꽃이라 할 만한 것이다. 그런데 문제는 서양의 기술문명이 모든 존재자의 존재를 제거하고 있다는 것이다. 거꾸로 말할 수도 있다. 존재망각의 지반 위에서 기술문명의 꽃이 자랐다고 말이다. 달리 말하자면, 현대는 소외의 시대인데, 그 소외의 으뜸은 존재로부터의 소외이다. 존재에 가까이 다가서는 것, 바로 그것이 하이데거를 한평생 내몰았던 시대의 요구였다. 더구나 그는 잠시나마 기대했던 나치즘이 퇴락하는 것을 직접 목도한다. 이념이 지배하는 소련식 공산주의와 자본이 지배하는 미국식 자본주의 어디에도 희망을 보지 못한 그가 잠깐 동안 선택한 길은 나치즘이었는데, 그것 역시 그에게 커다란 환멸만 남겼다. 그 와중에 세계는 전지구적 규모의 전쟁에 휩싸인다. 이런 절박한 상황에서 그는 사유의 전회를 시도한다.

전회의 과정에서 예술은 결정적인 역할을 담당한다. 전통 형이상학에 대한 급진적인 비판이 논의되는 장에서 예술과 미학은 불가피한 사유거리로 대두된다. 하이데거의 다음과 같은 말은 그것을 뒷받침해준다. "그 물음〔예술작품의 근원에 관한 물음〕은 미학을 극복하는 과제, 다시 말해서 대상적으로 표상할 수 있는 것으로서 존재자에 대한 하나의 특정한 파악을 극복하는 과제와 매우 밀접하게 연관되어 있다. 미학의 극복이란 다시 형이상학 그 자체와의 역사적 대결에서 반드시 필요한 것으로 나타난다."(GA65, 503-504) 사정이 이러하다면, 전통 형이상학 비판의 문맥을 먼저 조망하는 가운데 예술이 갖는 의미를 되새겨볼 필요가 있다.

하이데거의 형이상학 비판은 니체 독서를 통해 본격화된다. 니체는 전통 형이상학을 비판한 주요 선행자로서 '예술가 형이상학'을 제시한 바 있다. 니체와 하이데거 두 사람 모두 전통 형이상학을 비판하면서 비판의 잣대로서 예술을 언급한다. 이 점이 둘의 공통점이다.

하이데거가 서양 형이상학을 비판하는 준거점은 '시간'이다. 반면 니체는 '삶'을 준거로 삼는다. 하이데거는 전통 존재론이 계속 머무르는 무시간적인 것(또는 초시간적인 것)과 계속 흘러가는 시간 속에 있는 것의 이중 구조로 짜여 있다고 본다. 이와 유사하게 니체는 추상적 개념 또는 이념의 세계를 통해 감각적이고 생성·소멸하는 세계가 억압·관리되는 시스템으로 서구 형이상학을 이해한다. 이런 이해에 기초해서 니체는 플라톤주의의 전도를 통해 그것을 극복하고자 한다. 이런 니체에게 예술의 위상학적 지위는 그동안 이성적·개념적 도구를 통해 추방되고(플라톤), 죽음의 선고를 언도받은(헤겔) 감성적 세계, 그 세계에서만 가능한 충만한 생을 복원시키는 반역의 공간이다. 한마디로 반형이상학자 니체에게 예술은 서구 형이상학의 치명적 급소라 할 수 있다.

그와 유사하기는 하지만, 하이데거는 시간에 대한 철저한 이해를 통해서 이 문제를 니체와는 다르게 접근한다. 하이데거는 니체의 시도(플라톤주의의 전도)를 기본적으로 형이상학의 틀 내부에서 움직이는 운동이라고 보고 있다. 다시 말해 문제의 사태를 역전시키고는 있지만, 여전히 전체를 지배하는 사유의 틀을 인정하고 있기 때문에, 미완의 극복이라는 것이다. 형이상학 전체를 가능케 하는 틀 자체를 문제삼으면서 하이데거는 그것의 해체를 위해 시간을 실마리로 삼는다.

전통적 시간 이해에 따르면 시간 초월적인 '본질'과 시간 내재적인 '가상'이 나뉜다. 그런데 예술이 자리하는 곳은 가상이고, 좀더 정확하게 말하면 본질과 가상 사이의 경계 지점이다. 플라톤의 '중간자로서의 에로스'와 칸트의 '상상력', 그리고 헤겔의 '본질에 본질적인 가상'이 점하고 있는 철학적 위상이 이 점을 잘 드러내준다. 이런 전통 서구 철학에서 예술이 점하고 있는 위상학적 지위 때문에 예술은 언제나 둘로 나뉜 세계를 이어주는 가교 역할을 한다. 그런데 두 세계를 나누게 된 이면에는 시간에 대한 특정한 이해가 놓여 있다.

하이데거에게 무시간적인 것은 없다. '영원'이란 현재의 지속일 뿐이며, 현재로 환원된 시간의 허상일 따름이다. 또한 하이데거에게 시간은 마냥 흘러 지나가버리는 것도 아니다. 언제나 과거와 현재 그리고 미래는 서로 삼투해 있다. "밝히면서 숨기는 뻗힘"(GA14, 56)으로 이해되는 이런 하이데거의 시간 이해는 영원한 것(지속적인 현재)과 결국 존재하지 않는 것(지나가버리는 것)의 대립을 무효화시킨다. 오히려 그 사이에서 확장하여 순간으로 존재하는 것이 진실로 존재하는 시간이다. 니체

는 서구 형이상학의 산물인 두 세계론에서 이성적 세계의 허구
성과 가상성을 폭로했다. 생의 관점에서 모든 것은 가상이다.
그리고 예술은 생을 더욱 고양시키고 확장시킬 수 있는 삶의 자
극제이다. 반면 하이데거는 모든 것을 가상으로 만들고 만족하
는 대신, 인간에게 허락된 거주 공간을 찾고자 한다. 그곳이 바
로 예술적 공간이다.

미학 비판

볼프강 벨슈에 따르면, 포스트모던은 미학의 시대이고 보드리
야르의 이야기처럼 지금의 시대는 모든 것들이 시뮬라시옹으로
탈바꿈한 시대다. 이는 지금의 시대가 그 어느 시대보다 감각적
이미지로 범람하는 시대라는 말이다. 감각적이고 미적인 도심
의 네온사인 숲과 복제 이미지들로 포화상태가 된 사이버 공간
에서 일상을 보내는 현대인들의 삶의 모습을 잠시 반추해보는
것만으로도 미학의 시대라는 말의 의미를 충분히 실감할 수 있
다. 그렇지만 이런 미학적인 삶이 정말로 우리를 행복하게 해줄
까? 역으로 감성의 빈곤을 숨기기 위해서 이미지의 포화상태가
발생한 것은 아닐까? 진정한 예술이 부재하기 때문에, 모든 것
이 예술이 될 수 있는 것은 아닐까? 서구 문명을 강도 높게 비
판했던 하이데거는 미학화된 현시대의 모습에 그다지 곱지 않
은 시선을 보낸다. 그는 도리어 미학의 기원을 추적하고 그것의
한계를 밝힌다. 하이데거의 미학 비판은 일차적으로 이런 맥락

에서 출발한다. 아이러니컬한 것은 그의 비판이 이후 미학을 더욱 풍성하게 했다는 점이다.

하이데거가 보기에, 미학은 전통 형이상학이 예술을 포착하는 특수한 이해 방식이다. 하이데거의 눈에 비친 미학은 예술을 감성의 지평에서 다루고 감성의 논리를 찾는 학문으로서(미학이란 말 자체가 그리스어 aisthesis, 곧 감각적인 것이란 말에서 유래했다), 전통 형이상학을 극복하기보다는 그것의 확대 재생산을 위해 마련된 학문이다. 미학은 전통 형이상학이 예술에 '대해서' 말하는 방식일 뿐이다. 그것은 예술로부터 무엇인가를 들으려는 철학이 아니라, 예술 위에 군림하면서 지배하려는 철학이다.[45]

역사적으로 미학의 창시자는 18세기의 바움가르텐이다. 그는 사유의 법칙을 다루는 논리학과 유사하게 감각(감성)의 법칙을 다루는 미학을 고안했다. 하이데거의 관점에서 바움가르텐의 이런 시도는 이성의 미개척지로 남아 있던 감성의 영역마저 이성적 질서로 편입한 것을 뜻한다. 미학은 이성 중심적인 전통 형이상학이 정점으로 치닫는 시점에서, 헤겔식으로 말하자면, 예술이 점점 힘을 잃고 종언을 예고하는 시점에서 탄생한 학문이다. 헤겔은 예술의 종언을 언급한 뒤 바로 연이어 예술에 대한 학적 고찰의 정당성, 즉 미학의 정당성과 필요성을 언급한다. 이 점만 보아도 하이데거의 미학 비판에는 충분한 설득력이 있다. 헤겔 이후 예술은 죽고 미학이 탄생한다. 미학은 죽은 예술을 '학문적 대상'으로 만든다. 비유적으로 표현하면, 예술의 사체를 해부하고 관찰하고 실험한다. 하이데거가 보기에, 이것은 예술을 또다시 죽이는 행위이다. 예술은 전통 형이상학의 지적 호기심과 허영심을 만족시켜주는 근사한 사례가 아니라 그것을 극복할 수 있는 열쇠를 쥐고 있다. 이것이 하이데거가 미학을 비판하는 주요 이유이다. 한마디로 말해, 하이데거는 예술을 위해 미학을 비판한다.

 그렇다면 하이데거의 미학 비판은 어디까지가 진실일까? 하이데거는 미학을 근대의 산물, 더 나아가 서구 형이상학의 산물로 이해했다. 그는 '죽은' 예술을 학문적으로 해부하는 미학에 반대하고 예술을 소생시킬 수 있는 길을 찾으려 했다. 그러나 내가 보기에, 하이데거의 미학 비판은 절반만 진실이다. 진실의 나머지 절반은 니체가 말해주고 있다. 미학이 단순히 전통 형이상학의 하수인 역할만 한 것은 아니다. 도리어 미학은 전통 형이상학의 치부를 폭로하고 비판하며 성립했다. 이성 중심적 형이상학의 심장부에 결정타를 던진 것도 미학이다. 감성과 예술의 이름으로 말이다. 하이데거의 견해처럼, 미학은 분명 계몽의 기획에서 탄생한 학문이다. 물론 전통 형이상학이 이성의 미개척지였던 감성을 포획하고 포식했다는 하이데거의 지적도 잘못된 것만은 아니지만, 그는 단지 거기까지만 보았다.

 멩케의 주장처럼, 헤르더와 니체 같은 이들이 '힘의 미학'[46]을 전개하면서 전통철학의 내부에서 균열을 일으킨 것을 하이데거는 보지 못했다. 감성이 이성에 포식된 측면과 이성의 소화기관 속에서도 끈질기게 살아남아 파괴적인 내부 공격을 수행한 측면을 하이데거는 균형 있게 바라보지 못한 셈이다. 결국 전통 형이상학을 극복하고 예술을 준거로 삼는다는 점에서 하이데거는 여전히 자신도 보지 못한 미학의 또다른 측면을 계승한 셈이다. 더구나 하이데거는 탈형이상학적 기분론을 통해서 그 어떤 철학자보다 '감각적인 것'의 존재론적 위상을 격상시켰다고 평가할 수 있다. 이런 이유로 미학을 신랄하게 비판했던 하이데거가 이후 비중 있는 미학자로 인정받을 수 있게 되었던 것이다.

전통 예술론

예술은 난해하다. 특히 요즘처럼 무엇이든 예술작품이 되는 시대에는 예술이 무엇인지를 묻는 것조차 어렵다. 그래서인지 사람들은 일단 예술에 접근하는 하나의 방법으로 쉬운 길을 택한다. 다시 말해서 잘 알려져 있는 지식을 바탕으로 예술에 접근한다. 사물적 예술 접근, 그것이 대표적인 방법이다. 그것은 예술이 제아무리 난해해도 일단 사물임에 틀림없다는 확신을 바탕으로 예술에 접근하는 태도이다. 하이데거가 보기에, 전통 철학자들은 이런 태도로 예술작품에 다가갔다. 바보가 아닌 이상 그들 역시 사물이 곧바로 예술작품은 아니라는 사실을 알고 있었다. 그렇지만 사물적 존재이해의 토대 위에 세워진 예술적인 것은 종국에는 사물로 보일 수밖에 없다.

그런데 사물적 기반이라는 것도 그다지 안전한 것은 못 된다. 왜냐하면 사물도 특정한 존재이해에 갇혀 있기 때문이다. 이것은 전통 철학이 사물을 어떻게 이해하고 있느냐를 보면 쉽게 확인할 수 있다. 전승된 사물 해석을 하이데거는 크게 세 가지로 요약한다. 첫째는 '특징들의 담지자', 즉 '실체'와 '속성'으로 사물을 이해하는 방식이고, 둘째는 '감각적 다수성의 통일'로 사물을 이해하는 방식이며, 셋째는 '소재와 형식'이란 틀로서 사물을 이해하는 방식이다. 각각의 사물 해석은 다음과 같은 문제를 안고 있다. 첫번째 사물 해석은 순수 사물과 그렇지 않은 존재자(예컨대 도구나 작품)를 구분할 수 없을 정도로 지나치게 폭넓은 개념이다. 그 때문에 사물의 고유한 성격을 드러내는 데 별반 도움을 주지 못한다. 두번째 해석은 감각을 추상하여 사물을 파악하려 하기 때문에 도리어 직접적으로 생생하게 현상하는 사물들이 사라진다. 음악은 한갓 주파수의 집적이 아니며 회화는 화소의 결합체가 아니다. 마지막으로 세번째 해석은 한마디로 사물 존재가 아니라, '유용성'에 기반을 둔 도구 존재에 대한 규정이다. 소재와 형식은 사물이 아니라, 제작자가 특정 목적을 위해 만든 도구에 어울리는 존재방식이다.

사물에 대한 전통적인 세 가지 해석은 사물의 존재방식을 밝히기는커녕 왜곡시킨다. 하이데거가 보기에, 사물은 "자생적이고" "자기 안에 고요하게 머무는 것"이며, "어떤 것으로도 내몰리지 않는" 것이다. 그런데 전승된 사물 해석은 이런 사물을 적중시키기는커녕, 사물에 폭력을 가한다는 느낌마저 준다. 하이데거는 이런 느낌을 진지하게 받아들이고 전승된 사물 개념을 다시 반추해본다. 그 결과 전승된 사물 해석(특히 세번째)은 사물이 아니라, 궁극적으로 도구적 존재방식을 가리킨다고 결론짓는다.

전통적인 예술관을 한마디로 요약하면, '사물적 예술관'이다.

예술작품을 일종의 사물로 인식하고 그 사물적 토대 위에서 사물과는 다른 어떤 것, 즉 예술적인 것을 말하고자 했다. 하이데거에 따르면, 전통 미학에서 핵심적인 위치를 점하고 있는 두 개념어인 '상징'과 '알레고리'는 이런 생각에 기초해 있다.(GA5, 22) 그런데 전통적 사물 해석은 사물의 고유성을 적중시키지도 못한다. 도리어 그것은 사물이 아닌 도구적 존재방식이다. 더 나아가서 하이데거는 전통적 도구 이해에도 문제가 있다고 생각한다. 결국 쉽게 예술에 접근하기 위해서 사물과 도구라는 우회로를 거쳐보았지만, 그 우회로 역시 안전하고 편안한 길이 아님이 밝혀진다.

진리의 장소, 예술

예술에 접근하기 위한 하나의 길로서 전통 철학은 사물과 도구 개념에 의지했다. 허나 전승된 사물과 도구 개념도 믿을 만한 것이 못 된다. 그렇다면 어떻게 해야 할까? 하이데거는 다른 개념에 의지해서 예술에 접근할 것이 아니라, 예술 자체에 주목하기를 권한다. 우회로가 막혀 있을 때에는 어렵더라도 정도로 가야 하는 법이다. 그는 예술을 직접 만나 그 경험을 고스란히 기록하려 한다. 사실 이러한 선택에는 예술에 대한 굳건한 믿음이 바탕을 이루고 있다. 예술이 모든 진실을 밝혀준다는 믿음이 깔려 있다. 진리를 드러내는 예술작품 속에서 왜곡된 사물과 도구 개념도 교정될 수 있다.

정직하게 예술을 응시하려는 하이데거의 태도에는 예술이 사물과 도구를 포함해서 존재하는 모든 것들에 대한 새로운 통찰을 주는 곳이자, 왜곡된 존재이해를 극복하는 곳, 결론적으로 진리를 드러내는 곳이라는 확신이 깔려 있다. 이런 확신은 그 자체로 증명될 수 없다. 오직 확신을 가지고 떠난 길 위에서만, 자신이 선택한 그 길이 올바른 길이었는지가 추후에 증명되고 확인될 수 있다. 마치 미지의 낯선 곳으로 떠나는 탐험가가 길의 방향을 정할 때, 그 결정의 정당성은 차후에 밝혀지듯이 말이다. 물론 하이데거의 이런 선택은 서양 지성사에서 처음 있는 일은 아니었다. 멀게는 고대 그리스인들이, 가깝게는 낭만주의자들과 니체가 이미 그 길로 사유의 여정을 떠났다.

사물이 사물로서, 도구가 도구로서 결국 모든 존재자가 그대로의 자신을 탁월하게 드러내는 곳으로 하이데거는 예술작품을 선택한다. 사실 이후 예술에 대한 하이데거의 모든 논의는 자신의 이런 선택이 결코 자의적이거나 우연에 의한 것이 아님을 증명하려는 시도의 연장선에 놓여 있다. 한마디로 하이데거에게 예술은 "진리의 작품으로의 정립^{Ins-Werk-Setzen der Wahrheit}"(GA5, 103)이다. 이것은 기존 미학 체계나 개념틀을 해체하고 예술작품 자체에 주목하며 하이데거가 내린 결론이다. 특히 예술이 종언을 고하고 이후 종교와 철학으로 예술이 지양된다는 헤겔의 주장을 진지하게 고려한다는 점에서, 하이데거의 이런 예술 규정은 주목할 만하다. 헤겔에 따르면, 예술은 더이상 진리의 장소가 아니다. 고대 그리스 시절에는 그랬을지 몰라도 지금은 더이상 아니다. 오히려 이 시대 진리의 장소는 철학이다. 이런 주장에 맞서 하이데거는 다시 외친다. 헤겔식의 전통 철학은 진리의 장소가 될 수 없지만, 여전히 예술은 진리의 장소이며, 철학은 진리의 동반자인 예술에게 귀를 기울여야 한다.

도구가 어떤 존재방식을 가지는지를 살펴보기 위해 하이데거는 고흐의 신발 그림을 제시한다. 하이데거를 통해 더욱 유명해진 고흐의 신발 그림은 단순한 대상이 아니다. 우리가 그 그림을 바라볼 때, 그 그림에서는 무엇인가 일어난다. 예술작품을 특정 해석에 매이지 않고 보면, 작품은 수수께끼 같은 말을 건네고 무엇인가 의미심장한 것을 보여준다. 만일 하나의 회화가 단순히 현실을 재현한 것뿐이라고 생각한다면, 앞서 말한 그림 앞에서의 경험은 주관적 느낌이나 환상, 또는 상상력의 소산 정도로만 이해되고 말 것이다. 그래서 잠시 헛것을 보았거나 환상에 빠졌다고 자신의 경험을 재해석할 것이다. 그런데 하이데거는 작품을 일종의 모방으로 보지 않으며, 한갓 허구에 불과한 것이라고 폄하하지 않는다. 만일 작품 속에서 거부할 수 없는 강렬한 경험을 했다면, 그 경험을 이런 식으로 단정지을 수는 없다.

고흐의 신발 그림 속에서 하이데거는 시골 아낙네를 떠올린다. 들녘에서 일하는 그녀의 삶과 그녀를 둘러싼 자연을, 그리고 그 가운데 놓인 신발이란 도구를 생각한다. 『존재와 시간』에서 하이데거는 도구를 유용성의 관점에서 이해했다. 고흐의 그림 속에서 하이데거는 자신의 생각을 수정한다. 고흐 그림을 통해 도구는 이제 "신뢰성"(GA5, 43)의 관점에서 보이기 시작한다. 자연과 더불어 살아가는 인간이 자연과 만날 때 도구를 사용한다. 이때 도구는 자연과 인간 사이의 차이를 조정하는 곳이고 자연 속에서 거주할 수 있게 하는 친숙한 공간을 뜻한다. 가깝고 신뢰할 수 있는 도구는 그렇기 때문에 쉽게 잊혀진다. 예를 들어 처음 신는 기성품 신발은 아직 참된 도구가 아니다. 발에 맞아 하나의 잘 길들여진 도구로서 신뢰하게 될 때, 그래서

빈센트 반 고흐, 〈신발〉, 1886.

곧 신발을 신은 사실마저 잊을 때, 그만큼 철저하게 그것에 의존하게 되었을 때, 신발은 비로소 참된 도구가 된다.

　이렇듯 작품 속에서 도구는 자신의 존재를 드러낸다. 하이데거식으로 말하면 도구 존재의 진리(비은폐성)가 작품 안으로 자신을 정립한 것이다. 작품에서 진리가 일어난 것이고, 작품을 통해서 우리는 일어나는 진리에 들어선 셈이다. 훌륭한 작품에서 얻는 우리의 경험은 하이데거가 보기에 바로 이런 것을 뜻한다.

　작품에는 무엇인가 존재한다. 그것은 우리가 흔히 보는 사물일 수도 있고 사람일 수도 있다. 우리에게 익숙한 존재자들과 도대체 닮은 곳이 하나도 없는 것도 존재할 수 있다. 여하튼 무엇인가 작품 속에 있고, 그것도 심상치 않게 일어나고 있다. 고전적 모방론을 거부하는 사람들의 경우 대부분은 그것을 인간의 '감정·체험 등의 표현'으로 간주한다. 그러나 하이데거는 이런 파악 역시 근대의 산물로 치부한다. 그것을 어떻게 이해하든

하이데거에게 중요한 것은 작품 속에 무엇인가 없지 않고 있으며, 그것도 거대한 사건으로 발생한다는 점이다. 그래서 하이데거는 예술에서의 존재사건을 해명해야 했다.

복제 가능한 인공물의 홍수 속에 살면서, 모든 거리와 차이를 엄청난 속도로 지워가는 기술시대에 살면서, 인간은 분명 존재에 대해 무감각해졌다. 수없이 만나는 뭇 존재자들에게는 물론, 심지어 자기 자신의 실존적 삶과 죽음에 대해서도 무감각하다. 현대는 '존재 불감의 시대'이다. 이런 시대에 철학하는 햄릿, 하이데거는 철학의 처음이 '존재의 경이'에서 시작하는 것은 물론이거니와, 그 경이로움을 끝까지 견디며 보존하는 것이 진정한 철학함이라고 생각한다.(GA45. 166-190 참조) 그렇다면 존재 망각은 한편으로 경이로운 감정이 희석되면서, 또다른 한편으로는 감당하기 힘든 그 감정을 희석시키기 위해서 일어난다고 말할 수 있을 것이다. 이런 점에서 존재에 대한 불감증과 만성 치매로 고생하는 철학에게 예술은 존재와의 만남, 그 경이로운 긴장의 순간을 선사하는 진리의 생명수라고 할 수 있다. 또한 고갈된 존재에 갈증을 느끼며 철학의 다른 시원을 찾는 하이데거에게 예술은 풍요로운 존재의 심연이라 할 수 있다.

예술작품의 불가해성

예술작품이 진리가 일어나는 장소라고 하더라도, 그 속에서 볼 수 있는 진리의 모습은 우리가 통상 생각하는 진리와는 다르다.

예술의 진리는 수학과 과학 또는 논리학의 진리처럼 간단명료하지 않다. 확실하기는커녕 너무나도 애매해서 말로 옮기기조차 어렵다. 샤갈의 그림을 보거나 라흐마니노프의 음악을 듣고 나서 작품에 대해 말하고자 할 때 우리는 말문조차 트이지 않는 경험을 자주 한다. 하이데거 자신도 "예술 자체가 수수께끼" (GA5, 116)라고 말한다. 수수께끼 같은 예술적 진리의 성격 때문에, 그것이 진리가 아니라고 속단해서는 안 된다. 오히려 그런 성격 때문에 존재의 풍부한 다의성을 드러낼 수 있으며, 그런 점에서 보다 근원적인 진리라고 말할 수 있다. 그렇다면 '예술은 난해하다', '움켜쥘 수 있는 확실한 의미가 없다', '애매하고 비결정적이다' 등등의 견해는 작품의 어디에서 유래한 것일까? 하이데거는 작품의 '대지적 성격'에서 유래한다고 말한다. 그럼 그가 말하는 대지는 무엇이며, 예술을 해명하는 데 어떤 역할을 하는 개념일까?

우리가 정직하게 예술작품을 만난다면, 하이데거는 작품에서 '세계'와 '대지'를 볼 수 있다고 말한다. 세계가 작품 속 개개의 존재자에게 의미의 빛을 던져주는 전체 의미망인 반면, 대지는 의미화되기를 거부하는 작품의 어두운 측면이다. 하이데거 이후 사람들은 세계보다는 대지 개념에 더 많은 관심을 쏟았다. 왜냐하면 대지 개념은 이전에는 볼 수 없던 중요 미학 개념이었기 때문이다. 물론 하이데거의 세계 개념도 과거의 세계 개념과는 변별적인 개념이다. 이미 『존재와 시간』에서부터 세계는 비실체적인 존재 진리의 또다른 이름으로 이해되었다. 그런데 후대 사람들의 관심은 작품의 의미 형성 과정보다 의미 형성의 실

198
철학의 모비딕

패 내지 무의미에 쏠려 있었다. 하이데거 이전까지 작품의 불가해성은 전적으로 신비한 힘으로 치부되든지, 아니면 작품의 완성도를 해치는 것으로만 이해되었다. 그에 반해 하이데거는 대지의 생산적인 측면, 곧 해석의 다양성을 확보해주는 측면을 밝혀냈다. 그렇지만 하이데거의 대지 개념도 사실 추적해보면 횔덜린의 시에 등장하는 대지와 그리스적 자연 개념의 영향 속에서 새롭게 다듬은 것이라고 말할 수 있다.

하이데거 연구가 미셸 아르는 대지 개념을 다음의 네 가지로 정리한다. 첫째, 대지는 그리스인들을 통해서도 충분히 사유되지 않은 자연의 본질, 즉 알레테이아와 연관된다. 진리라는 뜻의 그리스어 알-레테이아a-letheia에 포함된 '레테'(은폐, 망각, 거부)와 연관되는 것이 대지다. 둘째, 대지는 역사가 그 위에 세워지는 '비역사적인' 근거이다. 단 역사적인 세계와의 관계 속에서만 대지는 비역사적이다. 셋째, 하이데거 이전 사람들은 예술작품의 대지를 작품의 '소재'라고 불렀다. 하이데거는 그것을 전혀 다른 존재론적 위상 속에서 재배치한 것이다. 넷째, 대지는 '고향의 근거'이다. 여기서 고향이란 인간이 머물고 거주할 수 있는 곳을 뜻하며, 근거란 형이상학적 의미의 근거가 아니라, "형이상학적 나무의 뿌리가 수액과 활력을 길러오는, 망각된 '기반'"을 의미한다.[47]

예술작품 속에서 하나의 소재는 소재 이상으로 변모된다. 하이데거가 사례로 들었던 그리스 신전 작품을 가지고 말하면, 그 작품에 사용된 대리석은 우리가 알고 있는 것이 아니다. 단순한 소재가 아닐뿐더러, 특정 목적을 위해 사용되는 한갓 수단도 도구도 아니다. 그것은 쉽게 지나칠 수 있는 돌덩이가 더이상 아니다. 신전 작품에서 우리는 이전에는 보지 못했던 돌의 감추어진 모습을 보게 된다. 또한 작품을 통해서 작품에 등장하는 온갖 사물들이 자기 본연의 모습을 회복한다. 작품이 사물의 본모습을 드러내는 것에 비한다면, 도구가 사물을 소재로 사용하는 것은 그것을 폭력적으로 남용하는 것처럼 보인다. 티머시 클라크는 블랑쇼나 데리다 같은 현대 이론가의 예술론과 연계하여 하이데거의 '대지' 개념을 새롭게 해석하고 있다. 그에 따르면, 낭만주의 시인 횔덜린에게서 전수받은 하이데거의 대지 개념은 낭만주의와 탈낭만주의post-Romantic의 특징을 모두 가지고 있다.[48]

대지는 하나의 작품 안에 들어 있는 것만을 뜻하지 않는다. 그것은 작품을 통해서 드러나는 주위의 자연까지 포괄한다. 예컨대 주위 경관과 잘 어울리는 정자 한 채를 떠올려보자. 산을 파헤쳐서 위압적인 건물을 세우고 개천을 막아 인공호수를 만든 현대식 건축 단지가 아니라, 뒤로는 산을 등지고 앞으로는 물에 면하고 있는 배산임수의 정자를 떠올려보자. 아니 꼭 이처럼 고풍스러운 건축물이 아니어도 좋다. 단지 풍경과 자연 생태계를 고려해서 멋들어지게 지은 건물, 자연친화적 건축물을 연상해도 무방하다. 그런 건축물들은 주위의 자연물들을 파괴하거나 위축시키기는커녕, 도리어 그것들과 잘 어울리며 그것들의 탁월한 있음을 가시화한다. 이런 예술작품은 숨겨진 자연의 모습을 백일하에 폭로하는 것이 아니라, 은근하게 숨겨진 모습 그대로를 드러낸다. 하이데거가 보기에 이런 예술작품만이 진정한 작품이며, 이처럼 대지를 드러낼 수 있는 인공품은 일단 예술작품이라 불릴 자격이 있다.

고대 철학자 헤라클레이토스의 말처럼, 자연은 숨기기를 좋아한다. 하이데거는 숨기기를 좋아하는 자연을 대지라 명명한다. 하이데거의 대지는 세계와 마찬가지로 특정 대상을 지칭하는 개념이 아니다. 그것은 감추는 것이자 "간직하는 것"(GA5, 56)이며, 또한 "아무것으로도 강요되지 않는, 힘들이지 않으면서 지칠 줄 모르는 것"(GA5, 62)이자 인간이 거주하는 곳이다. 우리도 잘 알고 있듯이, 겨울을 맞이한 대지는 자기 품안에 살아 있는 모든 것을 간직하며 감춘다. 이렇게 대지가 감추고 간직하는 까닭은 그것들을 보호하기 위해서이다. 들추어지고 노출된 것들은 위험에 무방비 상태이다. 겨울의 혹한으로부터 살아 있는 것들을 보호하기 위해 대지는 그것들을 자기 품안에 감춘다. 대지의 이런 감추는 특징 때문에 예술작품은 쉽게 세계의 의미망에 걸리지 않는다. 예컨대 돌의 무거움을 알고자 돌을 잘게 부수고 저울에 달아봐도 돌의 무거움은 설명되지 않는다.(GA5, 64 참조) 도리어 무거움은 사라진다. 작품의 대지적 측면은 모든 것을 낱낱이 밝히려는 설명에의 의지에 저항하고 그것을 좌절시킨다. 그것은 합리적인 인식의 침입에 직면하여 작품의 문을 굳게 걸어잠근다. 그러나 대지의 자기폐쇄적 성격 때문에, 대지는 작품에 있어 "이루 다 길어낼 수 없는 충만함"(GA5, 65)을 보존할 수 있다.

대지는 자기를 폐쇄하고 감춘다. 대지는 불투명하다. 그것은 인간의 날카로운 이성적 시선조차 투과될 수 없는 두께를 가지고 있다. 침입을 거부하는 비밀의 베일 속에서 대지는 모든 것을 보호할 수 있다. 심지어 대지는 자신을 해부하려 드는 인간마저 보호해준다. 인간의 폭력적인 작위에 굳건히 저항함으로써 대지는 도리어 인간을 보호한다. 인간은 오로지 대지의 불투과적인 토대 위에서만 거주할 수 있다. "대지 위에서, 그리고 그 안에서 역사적 인간은 세계 내의 거주함을 근거짓는다." (GA5, 62) 인간은 발 디딜 곳 없는 투명한 대기에서가 아니라, 오직 불투명한 대지 위에서, 곧 인식의 빛이 투과할 수 없는 대지 위에서만 자신의 거주 공간을 마련할 수 있다.

예술과 과학

널리 유포된 오해에 따르면, 하이데거는 현대 과학기술문명의 적대자로 규정된다. 이런 규정에는 나름 근거가 있다. 하이데거 저작 전체에서 반기술적·반과학적·반근대적 요소를 쉽게 찾아볼 수 있기 때문이다. 또 같은 맥락에서 그는 서양사 전체를 부정적으로 바라본다. 즉 그에게 플라톤 이래 서양의 지성사는 존재망각의 심화과정이다. 그렇지만 동시에 그는 누구보다도 반문명적인 낭만주의 기획의 실패와 문제점을 잘 알고 있던 철학자이다. 그래서 그를 현대문명의 적대자, 소박한 낭만주의자로만 규정할 수는 없다. 최고치의 위험수위를 알리고 있는 테크놀로지는 외면할 수도 회피할 수도 없는 것이다. 도리어 하이데거는 그 위험의 한복판에 감추어진 또다른 가능성을 찾아내고자 한다.

테크놀로지의 어원인 테크네의 또다른 해석 가능성, 그것이 바로 예술이다. 하이데거에 따르면, "기술의 본질이 전혀 기술적인 것이 아니기에, 기술에 대한 본질적인 자각과 기술과의 결정적인 대결은, 한편으로는 기술의 본질과 가깝게 관련되어 있고 다른 한편으로는 그것과는 근본적으로 다른 영역에서 일어날 수밖에 없다. 그런 영역이 곧 예술이다."(GA7, 48) 후기 하이데거가 현대 과학기술의 발원지를 전통 형이상학에서 찾고 그것을 극복하려는 본격적인 기획에 착수했을 때 예술을 만난 것은 단순히 우연이 아니었던 셈이다.

예술이란 말의 어원은 고대 그리스어 테크네^techne이다. 이 말은 지금은 '기술'로 번역되지만, 고대 그리스 당시에는 지금의 예술과 장인의 기술을 포괄하는 넓은 의미로 사용된 낱말이다. 그러나 하이데거는 테크네를 이와 같은 통념과는 다르게 이해한다. 하이데거는 테크네를 일종의 앎으로 이해하면서, 그것을 존재를 개방하는 '산출^Hervorbringen'과 연관짓는다.

> 테크네는 그리스적으로 경험된 앎인데, 존재자를 산출한다는 것이 현존하는 것을 그 자체로서 은폐성으로부터^her 고유하게 그 외관의 비은폐성 안으로^in, 그 앞으로^vor 가져온다는^bringen 것을 뜻하는 한에서 그러하다. 테크네는 결코 제작 행위를 뜻하지 않는다.(GA5, 84: 원문 강조)

테크네는 일종의 앎이다. 아리스토텔레스에 따르면, 그것은 반복해서 무엇인가를 제작할 수 있는 앎이다. 그것은 이론적인 지식은 아니지만, 우연히 만들어낸 요행이 아니라 같은 것을 반복해서 제작할 수 있는 능력 및 지식이다. 일견 하이데거는 이런 아리스토텔레스의 견해를 따르고 있는 것처럼 보인다. 그러나 그는 아리스토텔레스의 견해에서 더 나아간다. 하이데거가 보기에, 테크네는 일종의 앎으로서 존재자를 은폐의 어둠으로부터 진리의 빛 속으로, 즉 있음의 비은폐성 속으로 가져오는 것이다. 이처럼 그는 존재를 개방하는 테크네가 시원적 의미의 테크네였다고 주장한다. 하지만 서양의 역사는 이런 테크네의 본래적 의미를 망각하고 오직 인간의 '만듦' 행위에 입각해서 테크네를 이해했다.

아리스토텔레스에 이르러 테크네는 무엇인가를 반복해서 제작할 수 있는 지식이라는 뜻으로 고착되었다. 이후 테크네라는 말에는 존재 개방의 힘은 사라지고 그 자리에 인간의 사물 지배력만이 남게 되었다. 인간의 의지에 따라 재생산할 수 있는 테크놀로지 개념이 확립된 것이다. 그래서 사람들은 테크네의 본래적인 의미를 망각한 채, 예술 창작마저 제작의 관점에서 이해하게 된 것이다. 그러나 하이데거는 테크놀로지 시대에도 예술 창작에는 여전히 시원적인 테크네의 자취가 남아 있다고 생각한다. 그 자취를 찾아 테크네를 예술로 활성화하는 것, 이것만이 테크놀로지의 위기를 극복하는 길이다.

예술 또는 시는 후기 하이데거 사유의 여정에서 중요한 이정표이다. 하이데거는 이 이정표에 기대 서양 형이상학의 극단화된 형태인 과학기술에 대한 철저한 비판을 수행한다. 하이데거도 자주 인용하는 횔덜린 시의 한 구절, 즉 "위험이 자라는 곳에 구원이 자란다"는 말처럼, 과학기술이 낳은 문제는 그 속에서 해결의 실마리를 찾아야 한다. 이 시대 최고의 위험이 과학기술이라면, 구원은 다른 곳에 있는 것이 아니라 과학기술 그 자체에 있다고 할 수 있다. 그렇다고 이것이 과학만능주의를 뜻하는 말이라고 오해해서는 곤란하다. 과학기술의 본질적 유래, 즉 지금껏 망각되어온 시원적 의미의 테크네, 곧 테크네 속에 있는 잠재적인 예술에 구원의 길이 있다는 것이다.

러츠키의 관점은 이런 하이데거 기술론의 해석 방향과 많은 점에서 일치한다. 그는 하이데거가 여전히 낭만주의적 잔재를 가지고 있지만, 동시에 테크놀로지 시대를 새롭게 전망할 수 있는 사유의 단초 역시 제시해주고 있다고 본다. 러츠키에 따르면, 낭만주의적 경향의 하이데거는 "불쾌함"을 느끼고 "극구 반대"할지도 모르지만, 자기 생각의 단초를 철두철미 관철시킨다면 하이테크놀로지를 예견하고 긍정한 철학자로 평가될 수 있다. "하이데거는 분명 테크놀로지적 복제에 대해 불쾌하게 생각했지만, 이처럼 근대의 도구적 테크놀로지 개념이 스스로를 훼손하는 지점에 도달할 수 있음을 직감했던 것 같다. ……비록 하이데거가 테크네라는 개념에서 염두에 두었던 것과는 매우 다를지 모르지만, 그럼에도 테크놀로지와 예술의 이러한 화합을 하이테크네라고 지칭하는 것은 꽤 타당해보인다."[49]

러츠키의 해석처럼, 하이데거는 낭만주의자들과 달리 테크놀로지 자체를 부정하지 않으며, 그것이 그렇듯 쉽게 부정될 수도 없다고 본다. 그렇다고 우리가 알고 있는 테크놀로지를 통해 만사형통이 되리라고 생각하지도 않는다. 테크놀로지가 예술이

가지고 있는 세계 개방성, 대지 등을 보여줄 수 있을 때, 한마디로 테크놀로지가 예술이 될 때, 테크놀로지 시대가 낳은 문제들이 해결될 수 있으리라고 본다. 하지만 하이데거는 테크놀로지와 예술이 하나가 되는 구체적인 모습을 그려보일 수 없었다. 단지 테크네라는 그리스어를 사유하면서 그 방향만을 제시했을 뿐이다.

창작과 보존

자주 언급했듯이, 하이데거는 서양의 전통 철학을 예리하게 비판한다. 다양한 측면에서 비판을 수행하는데, 대표적인 비판의 표적은 서양 전통 철학의 '인간 중심적 경향'이다. 서양 전통 철학, 특히 근대 철학은 모든 것을 인간 중심적으로 이해한다. 플라톤(제작자 신 데미우르고스)이나 중세 기독교 철학(창조주신)은 그나마 겉으로는 인간이 아닌 신을 내세웠다. 하지만 근대에 이르러 인간은 신의 왕좌에 앉는다. 근대인들은 더이상 신이라는 가면을 쓰지 않았던 것이다. 존재하는 모든 것들의 중심에는 인간이 있다. 생각하는 주체든, 실천하는 주체든, 느끼는 주체든 관계없이, 서양인들은 인간 주체를 중심으로 세계에 대한 그림을 그렸다.

예술의 영역에서도 마찬가지 일이 벌어진다. 과거의 예술가가 신적 영감에 의지하여 작품을 창작했다면, 근대에는 신격화된 인간, 곧 천재 예술가가 작품을 창조한다. 사정이 이렇다면 작품 감상과 해석에서 가장 중요한 일은 작가의 마음을 헤아리는 일이 된다. 작가가 어떤 의도와 기획으로 작품을 창작했을지를 추론하고 추체험하는 것이야말로 감상자에게 부여된 지상과제이다. 하이데거는 이런 인간 중심적 경향을 비판하며 자신의 (예술)철학을 전개한다. 그리고 그 비판의 단초를 더욱 밀고나간 현대철학자들 입에서 "저자의 죽음"이니 "수용미학"이니 하는 말들이 나오기에 이른다.

인간 중심적 작품 이해를 피하기 위해서 하이데거는 최대한 인간을 개입시키지 않으려 한다. 그렇다고 인간이 완벽하게 빠진 작품 또는 감상은 불가능하다. 그래서 그는 절제된 언어로 조심스럽게 작가와 감상자에 대해 말한다. 일단 하이데거는 용어를 바꿔 예술가는 '창작자Schaffende'로, 감상자는 '보존자Bewahrende'로 부른다. 이렇게 바꿔 부르는 이유는 인간 중심적 작품 이해를 피하는 동시에, 작가와 감상자에 대한 새로운 이해를 가져오기 위해서이다. 그리고 작품은 하나의 물리적 사물이라기보다는 창작과 보존이라는 두 계기 속에서 일어나는 사건으로 이해된다.

먼저 창작자의 측면에서 작품을 살펴보자. 작가는 작품의 주인이 아니다. 작품은 실제 창작 과정에서 작가가 의도했던 그대로 나오지 않으며, 작가 개인에 대한 다양한 정보만을 통해서 작품이 해명되지도 않는다. 물론 작가의 의도나 역사에 기록된 작가의 개인 신상 자료 등이 작품을 이해하는 데 이따금씩 도움을 주기는 한다. 그러나 결정적으로 작품은 그런 것들을 통해 창작되지 않는다. 도리어 창작 과정에 대한 작가들의 술회를 들어보면, 창작시 작가는 어떤 낯선 존재를 경험한다. 하이데거식으로 말하면, 작가는 의미를 드러내려는 세계와 감추려는 대지 사이의 투쟁 속에서 발생하는 균열의 사건에 부딪힌다. 그래서 "그것이 존재한다는 사실"의 "충격"을 그대로 드러내는 것이 작가가 할 일이다.(GA5, 93 이하 참조) 다시 말해서 작가는 자신의 기이한 존재경험을 기록하는 자일 뿐이다. 예술가는 신적인 천재가 아니라, 존재의 샘에서 작은 두레박으로 물을 떠오는 자에 불과하다.

하이데거는 감상자를 보존자라 부른다. 작품이 사물이나 도구가 아니라 진리가 발생하는 사건이라면, 그것을 보존하는 일역시 작품의 중요한 계기이기 때문이다. 여기서 작품을 보존한다는 말을 박물관이나 전시관 안에서 안전하게 원상태로 유지한다는 뜻으로 이해한다면 큰 오산이다. 그것은 단지 피상적인 보존일 뿐이다. 그보다 더 본질적인 작품의 보존이란 "작품 내에서 일어나는 존재자의 개방성 안에 서는 것"을 뜻한다. 다시 말해 보존이란 작품에서 일어나는 낯선 존재를 이해하는 앎이다. 하이데거에 따르면, "작품의 보존이란 앎으로서, 작품에서 일어나는 진리의 어마어마함^{Ungeheuer} 속에 깨어 있는 견딤" (GA5, 98)이다. 이런 각성된 진리의 직시만이 작품을 보존한다고 할 수 있다.

창작하는 자와 마찬가지로, 보존하는 자 역시 작품 속에 존재하는 무엇인가와 부딪힌다. 여기서 하이데거는 독일어 rücken(밀치다, 옮기다)을 어근으로 가지는 동사들을 사용하여 작품 감상자에게 일어나는 변화를 절묘하게 묘사한다. 작품

속 어떤 낯선 존재와의 부딪힘을 통해서, 보존자는 친숙한 곳에서 밀려나와herausrücken, 새롭고 낯선 있음의 세계 안으로 밀려간다einrücken. 이런 충격적인 대상은 억지로 감상자를 변화시키는 것이 아니다. 작품에서 우리가 충격적으로 부딪히는 것은 매혹entrücken적인 것이며, 그래서 그곳으로 미친verrücken 듯 빨려들어간다.(GA5, 95 이하 참조) 이런 과정 속에서 감상자는 기존의 완악한 자기를 벗어나 새로운 자기로 거듭난다. 이처럼 예술작품은 매혹적인 힘으로 우리의 고정된 시선에 충격을 가해서 존재의 풍요로움을 똑바로 응시할 수 있게 한다.

예술작품이 감상자에 미치는 영향만을 강조하여, 감상자가 단지 수동적인 위치에 있다고 오해해서는 곤란하다. 만일 작품을 보존하는 이가 없다면, 작품은 존재할 수조차 없다. 작품을 애정어린 눈빛으로 바라보고 기억하고 보존하는 사람이 있어야만 작품은 하나의 작품으로 존재할 수 있는 것이다. 고흐가 살아 있는 동안, 그 누구도 그의 그림을 작품으로 인정하지 않았다. 그가 죽은 다음에야 그 진가를 인정받았던 것이다. 그런데 만일 영원히 그의 그림이 사람들에게 외면당했다면 어떻게 되었을까? 그처럼 철저히 망각된 것들은 아직 작품이라 말할 수 없다. 창작자가 있어야 예술작품이 존재하는 것처럼, 보존하는 이가 있어야 작품은 존재할 수 있다. 왜냐하면 궁극적으로 작품에서 일어나는 진리는 (창작과 보존의 차원에서) 인간 현존재와의 연관 속에 있을 때에만 빛날 수 있기 때문이다. 결국 최종적인 심급에서 작품을 작품으로 존재하게 하는 것은 작품의 보존이다.

작품의 보존은 혼자만의 체험이 아니다. '고립된 주체'로서 자기 혼자만 독점하고 즐기는 예술 전문가·애호가의 지적 사치가 아니다. 진정한 보존은 타인과 공유할 수 없는, 타인에게 알릴 수도 없는, 자폐적인 개인 체험의 영역에 한정된 것이 아니다. 그것은 이미 우리가 타인과 서로 함께하는 존재임을 다시금 일깨우며, 그래서 인간 사이의 약화된 유대를 새롭게 재조정해서 강화하는 보존이다. '우리 사이'의 진정한 유대는 존재의 진리에 함께 속한다는 점에, 즉 진리에 공속된 현존재라는 점에서 최종근거를 얻는다. 이런 맥락에서 하이데거는 다음과 같이 말한다.

> 작품의 보존은 인간들을 그들의 체험으로 개별화시키지 않고 오히려 그들을 작품에서 일어나는 진리에 귀속하도록 밀어넣는다. 그리하여 작품의 보존은 비은폐성과의 연관으로부터 현-존재의 역사적인 '나가 섬'으로서 '서로를 위한 존재'와 '서로 더불어 있는 존재'를 근거짓는다.(GA5, 98 이하)

작품 속에서 우리는 하나가 된다. '따로 또 같이' 된다. 작품 속에서 비로소 '하나'의 '우리'가 형성된다. 우리는 타인들과 예술작품을 공유하며(함께 보존하며), 그 속에서 놀이하고 어울린다. 그 어울림 속에서 진정한 '우리 사이'가 맺어진다. 함께 작품을 보존하며 하나되는 가운데, 인간은 운명 공동체를 확인할 수 있다. 작품에서 현시되는 진리를 공유함으로써, 우리는 '우리 사이'를 방해하는 모든 제도와 권력을 무력화시킬 수 있다. 물론 이런 예술의 힘은 때때로 이데올로기적으로 오용될 수 있다. 나치즘과 파시즘을 비롯한 숱한 권력들이 예술의 정치적 결속력을 이용했던 사례는 역사에서 쉽게 찾아볼 수 있다. 이런 점 때문에 발터 벤야민은 '정치의 미학화'가 아닌 '예술의 정치화'를 주장했다. 그렇지만 예술이 하나의 역사적 공동체, 즉 '우리'를 근거짓는다는 것만은 분명한 사실이다. 최근에 자크 랑시에르가 다시 새롭게 '정치의 미학화'를 주창하는 것도 예술 또는 감성의 정치적 결속력을 재평가했기 때문에 가능한 일이었다. 이미 살펴본 바와 같이, 하이데거의 보존 개념은 맹목적인 군중적 도취나 얄팍한 선전선동을 거부하고, 존재의 진리에 깨어 있는 상태를 요구한다.

창작자와 보존자는 모두 작품에 속해 있다. 그리고 작품의 근원이 예술이라면, 창작자와 보존자는 그 예술에 속한다. 그래서 하이데거는 예술을 "작품 속에서 진리를 창작하며 보존하기"(GA5, 104)라고 규정한다. 그렇다면 예술은 창작자나 보존자가 각기 홀로 존재해서는 일어나지 않는다. 언제나 둘이 같이 있어야만, 다시 말해 그 둘 '사이'에서만 예술은 존재할 수 있다. 이와 같이 하이데거는 창작만이 아니라 보존, 즉 작품이 감상되고 수용되는 측면을 작품 형성의 필연적인 계기로 사유함으로써, 1960년대 후반부터 한스 로베르트 야우스와 볼프강 이저가 주창한 수용미학의 이론적 기초를 놓았다고 평가할 수 있다.

예술과 철학의 사이

우리는 공동체적 삶의 준거를 가지고 있다. 마치 모든 법들이 참조하고 기준으로 삼아야 하는 헌법이 존재하듯이, 공동체를 이끌어가는 문화적인 척도가 존재한다. 최고의 수준에서 그런 척도를 제출하는 세 가지 영역이 있는데, 종교와 예술 그리고 철학이 그것이다. 이런 맥락에서 헤겔은 절대정신을 드러내는 인간의 활동으로 이 세 가지를 언급한 적이 있다. 그런데 이 세 영역은 항상 평화롭게 공존하지 않는다. 각기 내놓은 척도가 다르기 때문에, 언제나 서로 갈등을 일으킨다. 헤겔은 서양사를 회고하면서, 고대 그리스 시대에는 예술이, 중세에는 종교가, 그리고 근대 이후에는 철학이 싸움의 승자가 되었다고 서술하고 있다.

나는 세 가지 영역의 갈등을 인정하지만, 헤겔처럼 어느 하나가 다른 하나를 지양할 수 있다고 생각하지 않는다. 각각은 다른 것으로 대체되거나 지양될 수 없는 고유한 영역을 가지고 있다. 또한 나는 세 영역을 두루 잘 알고 있다고 자신하지 않기 때문에, 헤겔처럼 종교까지 언급하지는 않을 것이다. 예술철학을 전공한 내게 관심 있는 것은 예술과 철학의 관계이다. 서양의 역사에서 이 둘은 계속 갈등 상황을 연출한다. 예술과 철학은 서양 문명을 이끌고갈 진정한 척도를 판가름하는 지점에서 엎치락뒤치락하는 형국을 보여주고 있다. 대개의 철학자들과 예술가들은 서로에게 적대적이다. 그런데 서로에게 무작정 적대적이기만 할 경우, 철학이든 예술이든 문화 창조의 역동성을 잃어버린다. 서로를 경쟁자이자 친구로 혹은 자신을 되돌아보는 거울로 삼을 때, 예술과 철학은 최고 심급의 문화 창조력을 갖게 된다.

아주 오래전부터 예술과 철학은 공동체 형성의 주도권을 두고 서로 대립했다. 많은 철학자들은 혹독하게 예술을 비난했으며, 일부 철학자들은 예술을 관대하게 다루었고, 또 일부 철학자들은 예술을 마냥 찬미했다. 이런 상황에서 하이데거는 예술과 철학의 관계를 이전과는 다르면서도 이전보다 깊이 있게 다루었다. 나는 이미 『하이데거의 사이-예술론』이라는 책에서 이 점을 세밀하게 살펴보았다. 거기에서 논의되었던 점을 간략히 정리해보기로 하자.

일단 하이데거에게 '사이' 개념은 '존재'의 또다른 이름으로서 중요한 개념이다. 그의 사이-존재론에 관해서는 위에서 언급한 책에서 자세히 논했기 때문에 생략하기로 한다. 하이데거 후기 철학에서 전개되는 예술과 철학의 관계는 '시짓기와 사유하기'의 사이 문제로 정식화된다. 여기서는 편의상 예술과 철학의 관계로 풀어보기로 한다. 그것은 다음과 같이 정리할 수 있을 것이다.

1) 예술과 철학은 각기 독립적으로 존재할 수 없다. 그것은 상호 의존적이다. 그 둘은 어느 하나가 없으면, 다른 하나도 없어질 수밖에 없는 관계이다. 정확히 말해서, 양자는 '사이'에 공속해 있다. 예술과 철학이 먼저 있고 난 다음에 양자의 '사이'가 만들어지는 것이 아니라, 도리어 '사이'가 있고 난 다음

추후에 양자의 정체성이 결정되고 변화된다.

2) 예술과 철학은 서로 부딪힐 수밖에 없는 관계이다. 그렇다고 마냥 반목하는 관계를 떠올려서는 안 된다. 차라리 둘은 싸우면서 친해지는, 아니 싸움을 통해서만 친해지는 관계이다. 즉 서로가 '차이'를 냄으로써 친밀해지는 관계이다. 상대와 차이를 냄으로써 형성되는 창조적이고 건설적인 관계이다. 그 때문에 싸움을 종식시키기 위해 차이를 제거한다거나 김 빠진 타협(대개의 '매개'가 그렇듯)을 통해 차이를 완화시키려 해서는 안 된다. 그것은 양자 모두에게서 활력을 뺏는 길이다. 도리어 첨예하게 차이를 냄으로써, 그 둘은 서로의 귀속성을 확인할 수 있다.

전통적으로 예술과 철학의 '사이'는 궁극적으로 '위계적 관계'로 귀결되거나, 아니면 심지어 '상대가 없어도 무관한' 사이, '제거되어야만 하는' 차이를 뜻했다. 양자가 '사이'에 공속한다고 보는 대신에 양자를 독립된 실체로 파악했기 때문이다. 자립적인 한쪽이 다른 한쪽을 배제하거나, 자기의 한 부분으로 포섭하거나, 또는 지양되어야 할 하위의 단계로 간주하는 것은 당연한 일이었다. 왜냐하면 배제하고 위계짓는 '사이'는 실체론적 '사이' 개념의 필연적 귀결이기 때문이다. 한갓 매개로 이해되는 이런 사이는 결국 깨질 수밖에 없는 사이이고, 타자를 배제할 수밖에 없는 사이이며, 기껏해야 자신을 형성하기 위해 필수적인 하위 계기로서 타자를 포섭하는 사이일 뿐이다. 그렇기에 서구 형이상학에서 차이는 배제와 종속을 위한 차이로 간주될 수밖에 없었던 것이다.

하이데거는 전통 철학이 독단적으로 설정한 위계적인 사이를 진지하게 고민한다. 그의 고민 속에서 예술과 철학은 이전처럼 '배타적·위계적' 사이로 설정되지 않는다. 그렇다고 무분별하게 차이를 지우지도 않는다. 마치 기차를 움직이기 위해서 끝없이 평행선을 이루는 철로가 필요하듯이, 공동체가 나아갈 길을 제시하고 그 길을 내기 위해서 예술과 철학은 무한히 평행선을 이루며 함께 나아가야 한다. 서로의 차이를 만들고 거리를 유지하면서도, 동반을 포기해서는 안 된다. 이것이 바로 하이데거가 그려보인 예술과 철학의 진정한 '사이'다.

현대 미학은 지금까지 언급했던 하이데거의 미학 비판의 요지와 그의 예술관 그리고 그가 설정한 예술과 철학의 진정한 '사이'를 진지하게 숙고해야 한다. '하이데거'라는 이름에는 서양 지성사 2,500년의 오랜 시간이 철학적 사유라는 결정체로 숙성되어 있기 때문이다. 물론 예술의 풍미를 돋우는 데 그것을 사용할지 말지는 전적으로 현대 미학자들의 몫이다.

철학의 모비딕

지금까지 우리는 하이데거라는 철학의 거인을 통해서, 서양 현대철학에 처음 출몰했던 위대한 순간을 간략하게 살펴보았다. 거친 스케치로 거인의 풍모를 온전히 드러내기는 어려웠지만, 적어도 세 가지 점만은 꼭 이 글 속에 담으려 했다. 첫째, 『존재와 시간』을 중심으로 하이데거 철학에 대한 전체적인 윤곽을 그리고(1장), 둘째, 그의 존재론을 미학적으로 재해석하며(2-4장), 셋째, 미학적으로 해석된 하이데거 철학이 어떤 내용을 함축하고 있으며, 서양 지성사에서 어떤 위치를 차지하고 있는지(5장)에 초점을 맞추었다. 그래서 서양 지성사에서 하이데거가 위대한 순간인 까닭을 보이려 했다.

『존재와 시간』은 플라톤을 인용하며 시작한다. 플라톤에 따르면, '존재 문제를 둘러싼 거인들의 싸움'이 있었다. 플라톤 자

윌리엄 터너, 〈고래잡이 배〉, 1845.

신도 그 싸움에 뛰어든 사람이며, 하이데거 역시 마찬가지다. 철학의 거인은 이런 지적 전투를 경험하면서 성장한다. 생사를 건 숱한 전투에서 한 명의 위대한 철학자가 탄생하는 셈이다. 위대함은 그저 주어지는 것이 아니라, 이처럼 피를 말리는 사투 과정에서 형성된다. 지금까지 이 책을 따라오며 독자들은 캄캄한 혼돈에 빠지기도 하고 잠시도 늦출 수 없는 팽팽한 긴장감에 지치기도 했을 것이다. 그렇다면 여러분도 시나브로 거인들의 전장에 뛰어든 셈이다. 끝까지 좌절하지 않고 버틸 수만 있다면, 거인만큼은 아니더라도 정신의 키가 이전보다 훌쩍 성장했음을 느낄 수 있을 것이다. 이 책이 마냥 지루하기만 했다면, 그것은 독자의 탓이 아니라 위대한 전투를 맥없이 기록한 저자의 책임일 것이다.

평생 '존재'만을 생각하고 그것만을 추적했다는 하이데거. 지금껏 살펴본 바대로, 그는 특히 예술 속에서 존재의 흔적을 찾았다. 집요하게 존재를 추적하는 그의 모습을 볼 때면, 이따금 나는 허먼 멜빌의 『모비딕』에 등장하는 에이해브 선장이 떠오른다. 『모비딕』에 등장하는 선장은 완고하고 끈질기게 한 마리 향유고래를 추적하다가 결국 고래에게 죽임을 당한 인물이다. 그의 초인적인 힘은 고래를 뒤쫓는 과정에서 발휘된다. 신성하기까지 한 거대한 흰 고래를 따라가다가 그 역시 거인으로 변모한다. 쫓기는 고래도 쫓는 에이해브도 모두 거대하다. 하지만 둘의 모습은 어찌된 까닭인지 그로테스크하기만 하다. 둘 모두에서 우리는 기괴하고 으스스한 위대함을 감지한다. 하이데거를 비롯한 서양 철학의 거인들도 일면 그런 모습을 하고 있지는 않을까? 위대함이나 숭고함은 아름다움이 전제될 때만 괴기스럽지 않을 수 있다. 그렇다면 아름다운 위대함이란 불가능할까? 우리가 찾는(찾아야 할) 위대함은 아름다운 위대함이 아니던가?

무엇인가가 아름답기 위해서는 정체를 짐작할 수 있는(궁극적으로는 정체불명의 존재라 하더라도) '얼굴'이 있어야 한다. 대화를 나눌 수 있는 입과 귀가 있어야 한다. 특히 '눈'이 있어야 한다.[50] 눈은 무엇보다도 눈을 찾기 마련이다. 얼굴은 이런 눈을 담고 있는 곳이다. 낯선 이를 볼 때 맨 먼저 얼굴을 보는 것처럼, 사물을 볼 때도 마찬가지다. 상대의 얼굴을 보고 지그시 눈을 맞출 수 있어야 상대는 아름다울 수 있다. 여기서 말하는 눈은 신체기관으로서의 눈이 아니라, 본문에서 언급했던

'존재의 눈'이다. 꽃 한 송이가 아름답다면 꽃의 눈과 마주친 셈이며, 회화 한 점이 아름답다면 회화의 눈에 나의 눈이 꽂힌 셈이다. 견디기 힘들 정도로 나의 존재 전체를 압도하는 것이라도 그것이 눈과 얼굴을 가지고 있다면, 아름다울 수 있는 여지는 남아 있다.

그런데 서양의 거인들이 추구했던 존재에는 얼굴이 없다. 에이해브가 추적했던 고래도 그렇다. 고래에 대해 멜빌은 이렇게 묘사한다. "거기에는 이목구비가 하나도 뚜렷하게 드러나 있지 않다. 눈, 코, 귀, 입도 없고, 얼굴도 없다. 향유고래에게는 진정한 의미의 얼굴이 없다. 주름투성이 이마가 넓은 하늘처럼 펼쳐져 있을 뿐이다."[51] 하이데거가 추구했던 (존재자 아닌) 존재도 이와 닮았다. 원래 형상화할 수 없는 것이지만 굳이 형상화하면, 그것은 '진정한 의미의 얼굴'이 없는 모비딕과 닮았다.(하이데거적 존재의 눈은 키클롭스의 눈처럼 보인다.) 아무리 가공할 위력과 신성함을 가졌더라도 그것은 거대한 괴물의 형상이지 우리가 추구해야 할 위대함은 아니다.

글의 마지막에 이런 이야기를 해서 독자들은 맥빠지는 허탈감을 느낄지도 모르겠다. 기껏 장황하게 위대한 순간을 떠벌려놓고 마지막에 괴물 운운하니까 말이다. 독자를 허탈하게 하려는 의도는 추호도 없다. 다만 모든 위대함에 대한 서사에는 미화가 개입되기 마련이며, 그래서 마지막으로 미화를 걷어내고 위대한 순간을 비판적으로 살펴보자는 의도일 뿐이다. 분명 하이데거는 서양 철학사에서 위대한 순간이다. 하지만 그 위대한 철학이 얼굴 없는 괴물이 아니라고는 아무도 장담할 수 없다.(레비나스가 하이데거를 비판하며 얼굴을 성찰한 것은 아주 당연한 일이다.) 문제는 (어느덧 서양 문화의 한가운데 있는) 우리가 이 거대한 괴물을 피해갈 수 없다는 점에 있다. 좋든 싫든 그것을 거쳐가야 한다. 이 거인과 씨름해야 한다는 말이다. 거인과 한판 승부를 벌일 때에는 주의사항이 있다. 니체도 말한 바 있듯이, 괴물과 싸울 때에는 괴물과 닮지 않도록 주의해야 한다.

행운이든 불운이든, 이 책을 펼친 독자는 이미 거인과의 싸움을 시작한 셈이다. 승패와 관계없이 멋진 겨루기를 통해서 그의 거인적인 힘과 지략을 배우기를, 허나 괴물이 되지는 않도록 매 순간 깨어 있기를 축원한다.

***

글을 맺기 전에, 몇몇 분들께 감사의 말을 전할까 한다. 비록 볼품없는 글이기는 하지만, 글쟁이가 선사할 수 있는 최고의 선물은 그래도 역시 글이기에…… 곧 고희를 맞이하시는 어머니 천청자님과 회갑을 맞이하시는 장인어른 김태곤님께 이 글을 바친다. 그리고 이 글을 쓸 수 있도록 여건을 마련해주신 연세대학교 인문학연구원과 언제나 모자란 후배를 위해 여러모로 배려해주시는 철학과의 이재경 선생님께 감사의 마음을 전하고 싶다. 끝으로 어지러운 글을 가지런하게 다듬고 묶어주신 이정옥 님과 문학동네 여러분께는 매번 고마운 마음뿐이다.

1 한 인간으로서 하이데거는 다음과 같이 기록되고 있다. 1889년 남부 독일 메스키르히에서 태어나 1976년 죽는다. 그의 삶에서 철학 이외에 별다른 행적은 찾아보기 힘들다. 매일 책을 읽고 쓰고(전집 목록의 책들은 100권이 넘고 지금도 간행중이다), 이따금 강의와 강연 그리고 세미나를 진행하며 생의 대부분을 보낸다. 그나마 세간의 이목을 집중시킨 두 가지 스캔들이 있는데, 하나는 1933년 나치에 입당해 대학총장이 되었던 일이고 다른 하나는 열일곱 살 연하인 한나 아렌트와의 연애사건이었다. 성당 집사의 아들로 태어나 신학을 공부하려다 철학으로 공부 방향을 선회한 것도 그의 인생에서는 큰 사건이라 말할 수 있다. 신칸트학파의 하인리히 리케르트와 현상학의 에드문트 후설 문하에서 공부했으며, 『존재와 시간』(1927)이라는 미완성 저작으로 세계적인 철학자가 되었다.

2 티머시 클라크, 『하이데거, 너무나 근본적인』, 김동규 옮김, 앨피, 2008, '옮긴이의 글' 참조.

3 E. Levinas, *Is it righteous to be? : Interviews with Emmanuel Levinas*, ed., by Jill Robbins, Stanford Unversity Press, California, 2001. 176쪽.

4 셰익스피어, 『햄릿』, 신정옥 옮김, 전예원, 2000. 77쪽.

5 플라톤, 『에우티프론, 소크라테스의 변론, 크리톤, 파이돈』, 박종현 옮김, 서광사, 2003, 301, 346쪽.(Platon, "Phaidon" In: *Platon*, Bd Ⅲ, hrsg. von

Gunther Eigler, Wissenschaftliche Buchgesellschaft, Darmstadt, 1974.
67e, 81a)

6 Sterben은 다른 두 동사와는 달리, 사전적으로 특정한 죽음을 목적어로 취할 수 있는 동사이다. 하이데거에게 있어 죽음은 죽음을 죽음으로서 경험할 수 있고 특정한 죽음을 겪을 수 있는 실존적인 죽음이다. 이런 의미를 살리고자 '죽어감'이라고 번역했다.

7 초기에 하이데거는 현존재를 "현사실적인 삶faktisches Leben"이라고 불렀다.(GA63, 80) 딜타이의 영향 속에 있었던 하이데거는 『존재와 시간』에서 삶과 죽음에 관한 딜타이의 통찰을 긍정적으로 평가하고 딜타이의 『체험과 시』에서 다음 부분을 인용한다. "결국 가장 심오하게 그리고 가장 보편적으로 우리 현존재의 감정을 규정하는 관계는 '죽음에 대한 삶의 관계'이다. 왜냐하면 죽음에 의해 우리 실존이 제약된다는 사실이 언제나 삶에 대한 우리 이해와 평가에 있어서 결정적이기 때문이다."(GA2, 334 재인용) 이 책에서 나는 삶이라는 용어를 자주 사용할 것이다. 우리말의 어법상 죽음과 호응되는 말로서 현존재보다는 삶이 자연스럽기 때문이다. 그러나 여기서 언급되는 '삶'이라는 용어는 그것을 존재론적으로 재규정한 것이라고 볼 수 있는 '현존재'와 다른 것이 아니다.

8 하이데거가 '끝Ende'에 관해서 결론적으로 말하는 부분은 '철학의 끝'을 논할 때이다. 그에게 철학Philosophie은 곧 서구 형이상학을 뜻하며, 그것도 그리스적 의미에서 형이상학이고, 그런 '철학의 끝das Ende der Philosophie'은 '형이상학의 완성'을 뜻한다. "철학의 끝이란 철학의 역사 전체가 그 극단적 가능성으로 모이는 그런 장소이다."(GA14, 144 참조) 끝은 어떤 것의 존재 가능성 전체가 한자리에 모이는 장소Ort, 즉 "창끝Spitze des Speers"처럼 모든 것을 한곳에 집중시키는 첨예한 지점을 뜻한다.('장소'에 관해서는 GA12, 33 참조)

9 후기 하이데거의 주요 개념 가운데 하나인 "초연함Gelassenheit"과 "죽음에로의 선구" 사이에는 밀접한 연관관계가 있다. 상세한 논의는 다음 참조. 전동진, 『창조적 존재와 초연한 인간』, 서광사, 2002, 208-210쪽.

10 『존재와 시간』에서 하이데거는 죽음을 '무無'와 직접 연결짓지는 않지만,

다음 구절에서 죽음과 무의 연관을 강력하게 시사하고 있다. "그(불안) 속에서 현존재는 그 실존의 가능한 불가능성의 무 앞에 처해 있다."(GA2, 355) 독일어에서 아님Nichtigkeit과 무Nichts는 동근원적인 용어다. 술어를 부정하는 '아니다nicht'를 존재론적으로 받아들이고 있는 것이 바로 무이다. 무는 모든 부정과 부정을 통해 확보되는 가능성의 원천이다. 예컨대 '나는 학생이다'는 '나는 학생이 아니다'로 바뀔 수 있는 가능성을 내장하고 있다. '나'가 아닐 수 있는 가능성 역시 '죽음을 향한 존재'인 인간에게 존재한다.

11 횔덜린에 관한 글은 'GA4: Erläuterung zu Hölderlins Dichtung, GA7: Vorträge und Aufsätze, GA39: Hölderlin Hymnen Germanien und Der Rein, GA52: Hölderlins Hymne Andenken, GA53: Hölderlins Hymne Der Ister'에, 릴케 강연은 'GA5: Holzwege'에 실려 있으며, 트라클과 슈테판 게오르게의 시 해명은 'GA12: Unterwegs zur Sprache'에 실려 있으며, 뫼리케와 헤벨에 관한 글은 'GA13: Aus der Erfahrung des Denkens / GA16: Reden und Andere Zeugnisse eines Lebensweges'에 실려 있다. 그 밖에도 르네 샤르, 괴테, 첼란, 아이헨도르프, 노발리스, 고트프리트 벤 등을 논하고 있다.

12 플라톤, 『잔치』, 조우현 옮김, 두로, 1994, 78쪽. "무엇이든 없는 것으로부터 있는 것으로 옮아가는 원인이 되는 일은 다 창작입니다. 따라서 모든 기술에 속하는 일도 창작이며, 그런 일에 종사하는 제작자는 다 창작가인 셈이죠."(205b-c)

13 이와 관련하여 전동진 교수는 보다 확장된 의미의 창조성, 즉 "존재의 창조성"이라는 말로 하이데거 철학을 해석한다. 전동진, 같은 책. 38-39, 120-121쪽 참조.

14 Platon, "Das Gastmahl," In: Platon, Bd Ⅲ, Wissenschaftliche Buchgesellschaft, Darmstadt, 1974. 202a 이하 참조. "사실 모든 사람들은 유한한 존재인 사람의 자식보다는 그러한 불사적인 어린이를 자신의 자식으로 갖기를 소망하기 마련이지요. 예를 들어 사람들은 호메로스나 헤시오도스 그리고 그 외의 다른 훌륭한 시인들을 매우 부러워하는데, 그 이유는 그 시인들이 영혼의 자식을 남겨놓았기 때문이지요."(209d) 여기서는

다음 한국어판을 참조했다. 플라톤, 『향연』, 박희영 옮김, 문학과지성사, 2003. 136쪽.

15 "언어는 인간에게 주어진 가장 위험스러운 자산"이라는 횔덜린의 말을 해석하면서, 하이데거는 언어가 존재를 탁월하게 탈은폐시킬 수 있지만 동시에 은폐시킬 수 있다는 점에서 언어의 위험성을 언급한다. 언어의 '이다/아니다, 있음/없음'이라는 말 속에 이미 존재 개방의 가능성과 함께 존재의 은폐 및 가상Schein의 가능성도 동반된다는 것이다. "오직 언어가 있는 곳에서만 세계가 번성한다. 오직 세계가 있는 곳, 즉 언어가 있는 곳에서만 최고의 위험, 유일한 위험 일반이 존재한다. 즉 비존재를 통한 존재 자체의 위협이 존재한다."(GA39, 98)

16 다스튀르는 하이데거 입장에 충실하게 죽음과 신과의 관계를 논하고 있다. 그중 한 대목을 인용해보자. "……본질적 의미로 신성과 죽음은 분리될 수 없고, 오랜 역사를 거쳐 인간이 인지하게 되고 이름붙이게 되는 모든 신들은 어쩌면 죽음의(여기서 속격은 일방적으로 주격이다) 신들, 인간이 인간적인 것 이상과 관계를 갖게 할 수 있고, 그래서 인간의 정신과 거처를 특징짓는 그 '빛'의 사라지지 않는 어두운 원천이 될 그러한 죽음의 신들일 뿐이라는 것을 결국은 알아야 한다."(프랑수아즈 다스튀르, 『죽음—유한성에 관하여』, 나길래 옮김, 동문선, 2003, 11쪽)

17 종교학자 엘리아데는 이렇게 설명한다. "신들의 집으로서, 다른 모든 것 위에 있는 성스러운 장소로서 사원은 항상 세계를 재성화한다. ……성스러운 공간의 체험이 '세계의 창건'을 가능케 했다고 할 수 있다. 성스러운 것이 공간 가운데 현현하는 곳에 실재가 그 모습을 드러내고 세계가 출현한다. 그러나 성스러운 것의 출현은 하나의 속된 공간의 무형태적인 유동성에 고정점을 투사하고, 카오스 속에 하나의 중심을 투사하는 것일 뿐만 아니라 동시에 지평의 돌파를 가져오고, 그에 따라 우주적 지평 사이(지상과 천상 사이)의 교류를 수립하고, 하나의 존재 양식에서 다른 존재양식으로의 존재론적 이행을 가능하게 한다." 미르치아 엘리아데, 『성과 속』, 이은봉 옮김, 한길사, 1998. 82-85쪽.

18 플라톤, 『잔치』, 조우현 옮김, 두로, 1994. 78쪽, 205b-c.

19 Platon, "ION," in *Platon*, Bd. Ⅰ, Wissenschaftliche Buchgesellschaft, Darmstadt, 1977. 16-18쪽, 534e.

20 같은 책, 15쪽, 533d.

21 하이데거에 따르면, 횔덜린 이전에 이미 그리스인들이 그렇게 했다. "그리스인들은 신들을 인간화시키지도 않았고 인간을 신격화시키지도 않았다. 그와는 반대로 그들은 신들과 인간들을 차이나는 그들 본질 속에서, 존재의 본질로부터, 그들 상호관계 속에서…… 경험했다. 그런 이유로 그리스인들은 반신들, 즉 신들과 인간들 사이 그 가운데에 존재하는 헤미테오이의 본질에 관해서 명확하게 알고 있었다."(GA54, 163)

22 박찬국, 『하이데거와 윤리학』, 철학과현실사, 2002. 122-123쪽.

23 *Historisches Wörterbuch der Philosophie*, Bd.3, hrsg. von Joachim Ritter, Schwabe & Co., Basel, 1974. 574-590쪽 참조. 그리스어에서 '양심'은 synéidēnai heauto라는 용례로 사용되어 '알고 있다sich bewußt sein'라는 의미를 가진다. 서양어에서의 양심, 즉 '함께 앎'에서 함께하는 대상은 타인이기도 하고, 자기 자신이기도 하다. 참고로 게르하르트 에벨링의 다음과 같은 말은 서양적 양심 이해의 단면을 잘 보여주고 있다. "엄밀히 말해 인간은 양심을 '소유'하고 있는 것이 아니라 그가 양심이다. 그는 자신의 고유한 증인이다." Gerhard Ebeling, 'Theologische Erwägungen über das Gewissen', in *Das Gewissen in der Diskussion*, hrsg. von J.Blühdorn, Wissenschaftliche Buchgesellschaft, Darmstadt, 1976, 154쪽.

24 아르투어 쇼펜하우어, 『도덕의 기초에 관하여』, 김미영 옮김, 책세상, 2004, 104쪽.

25 정진홍 교수는 '죽음을 진술하는 언어'를 논하면서 두 언어를 구분한 바 있다. 양심 언어의 성격(각자적인 자기 본연의 목소리)을 고려해보거나 또는 죽음과 양심의 내적 연관성을 고려할 때, 양심의 목소리 또한 고백의 언어라고 할 수 있을 것이다. 정진홍, 『만남, 죽음과의 만남』, 궁리, 2003. 53-60쪽.

26 G.W.F. Hegel, *Grundlinien der Philosophie des Rechts oder*

Naturrecht und Staatswissenschaft im Grundrisse, Bd.20, Suhrkamp, Frankfurt am Main, 1986. 254쪽. 니체,『선악의 저편/도덕의 계보』, 김정현 옮김, 책세상, 2002. 396~448쪽 참조.

27 미학사를 통해 윤리학적 반성을 시도하는 뤽 페리는 윤리학을 3단계로, 즉 고대의 귀족적 탁월성excellence, 근대의 민주주의적 응분성mérite, 현대의 본래성authenticité으로 구분한다. 그에 따르면, 이 세 단계는 각각의 시대에 두드러진 윤리적 요구인 동시에 윤리의 세 차원이기도 하다. 그의 논의에서 주목할 만한 점은 현대에 이르러 윤리는 이전보다 훨씬 더 '본래성'을 요구하고 있다는 점이다. 뤽 페리,『미학적 인간』, 방미경 옮김, 고려원, 1994. 7장 '미학의 시대와 윤리학의 문제' 참조.

28 대표적으로 국문학자 김유중의『김수영과 하이데거—김수영 문학의 존재론적 해명』(민음사, 2007)이 있으며, 철학자 김상환의『풍자와 해탈 혹은 사랑과 죽음—김수영론』(민음사, 2000)은 김수영 시에 대한 모범적인 철학적 해석이다.

29 김수영,『金洙暎 全集 Ⅰ. 詩』, 민음사, 1990. 97쪽.

30 김수영 산문집 인용 출처는 약식으로 본문에 기재한다. 판본은 다음을 참고했다. 김수영,『金洙暎 全集 Ⅱ. 散文』, 민음사, 1984.

31 Platon, "Phaidon", 60d-61b 참조.

32 Platon, "Des Sokrates Apologie" In: *Platon*, Bd Ⅱ, hrsg. von Gunther Eigler, Wissenschaftliche Buchgesellschaft, Darmstadt, 1973. 22a-22d 참조. 자신이 세상에서 가장 현명한 자라는 델피 신탁의 의미를 확인하고자 소크라테스는 다방면의 지적 권위자들을 찾아가 여러 가지 물음을 던진다. 시인에게 찾아가서는 그가 지은 시와 아름다움에 관해 묻는다. 그런데 시인들 역시 다른 사람들과 마찬가지로 자신들이 무지하다는 사실조차 모르고 있음을 소크라테스는 확인한다.

33 Friedrich Nietzsche, *Sämtliche Werke*, Bd.Ⅰ, Deutscher Taschenbuch Verlag GmbH &Co. KG, München, 1980. 98쪽.

34 같은 책, 100쪽.

35 같은 책, 96쪽.

36 같은 책, 24쪽.

37 같은 책, 129쪽.

38 같은 책, 56쪽.

39 같은 책, 26쪽.

40 같은 책, 62쪽 참조.

41 같은 책, 90쪽.

42 같은 책, 92쪽.

43 'Es gibt Sein'에 관해서는 GA14, 29쪽 이하 참조. Sein 위의 ×표는 GA9, 411쪽 이하 참조. Ereignis, Seyn에 관해서는 GA65 참조.

44 하이데거가 활용하는 용어로는 다음과 같은 것들이 있다. 고유한eigen, 적합하다/특유하다eignen, 본래의eigentlich, 비본래의uneigentlich, 전유하다/자기화하다aneignen, 넘겨주다/양도하다übereignen, 박탈하다/몰수하다enteignen, 바치다/헌정하다zueignen 등이다.

45 이런 미학의 역사적 배경에 관한 논의는 졸저『멜랑콜리 미학—사랑과 죽음 그리고 예술』(문학동네, 2010)에서 '에스테티쉬'를 다룬 내용(119쪽 이하) 참조.

46 Christoph Menke, *Kraft-Ein Grundbegriff ästhetischer Anthropologie*, Suhrkamp, Frankfurt am Main, 2008 참조.

47 Michel Haar, *The Song of The Earth*, 57-64쪽 참조.

48 티머시 클라크, 『마르틴 하이데거, 너무나 근본적인』, 김동규 옮김, 앨피, 2008, 3장 참조.

49 러츠키, R. L. 『하이테크네—포스트휴먼 시대의 예술, 디자인, 테크놀로지』, 김상민·윤원화 외 옮김, 시공사, 2004. 참조.

50 얼굴과 눈에 관한 논의는 졸저『멜랑콜리 미학—사랑과 죽음 그리고 예술』, 문학동네, 2010, 제1부 참조.

51 허먼 멜빌, 『모비딕』, 김석희 옮김, 작가정신, 2011. 425쪽.

위대한 순간 003

철학의 모비딕
—예술, 존재, 하이데거

초판 1쇄 인쇄 2013년 2월 18일
초판 1쇄 발행 2013년 2월 28일

지은이 ──── 김동규
펴낸이 ──── 강병선

책임편집 ──── 김영옥
편 집 ──── 이정옥 송지선 허정은 고원효
디자인 ──── 장원석
저작권 ──── 한문숙 박혜연 김지영
마케팅 ──── 신정민 서유경 정소영 강병주
온라인 마케팅 ──── 김희숙 김상만 이원주 한수진
제 작 ──── 서동관 김애진 임현식
제작처 ──── 한영문화사

펴낸곳 ──── (주)문학동네
        1993년 10월 22일 제406-2003-000045호
        주소·413-756 경기도 파주시 문발동 파주출판도시 513-8
        전자우편·editor@munhak.com
        대표전화·031)955-8888 팩스·031)955-8855
        문의전화·031)955-8890(마케팅), 031)955-1905(편집)
        문학동네 카페·http://cafe.naver.com/mhdn

ISBN 978-89-546-2065-9 03160

* '위대한 순간'은 연세대학교 인문학연구원과 문학동네가 협력해 펴내는 인문교양 총서입니다.

이 도서의 국립중앙도서관 출판시도서목록(CIP)은 e-CIP홈페이지(http://www.nl.go.kr/ecip)와
국가자료공동목록시스템(http://www.nl.go.kr/kolisnet)에서 이용하실 수 있습니다.
(CIP 제어번호 : CIP2013000786)

www.munhak.com